Wetenschap is ook maar een mening

Bas den Hond
Sybe Rispens
Bram Vermeer
(redactie)

Wetenschap is ook maar een mening

Harde feiten bij 25 politieke kwesties

Uitgeverij Oostenwind

Dit boek is mede mogelijk gemaakt door de
Koninklijke Nederlandse Akademie van Wetenschappen,
Kennislink, het Fonds Bijzondere Journalistieke Projecten
en het Boy Tripfonds

Omslag: Pauline Schimmelpenninck, Berlijn
Correctie: Yulia Knol, Amsterdam

Eerste druk november 2012
Tweede druk december 2012
Derde druk maart 2013

www.oostenwind.org/hardefeiten

ISBN 978-94-91481-01-7 | NUR 754

Inhoud

Werk en inkomen

Zorg en samenleving

Energie en milieu

Veiligheid

Kiezen met kennis

Politiek en het W-woord

Bram Vermeer, Bas den Hond en Sybe Rispens

Politici proberen hun idealen te realiseren. En je zou den- 9
ken dat ze dat op de meest efficiënte manier doen, met de
beste middelen die beschikbaar zijn. In de eenentwintigste
eeuw is de daarvoor benodigde informatie maar een paar
muisklikken verwijderd.

Toch is er maar weinig politiek die zich op harde be-
wijzen baseert. En dat terwijl wetenschappers staan te po-
pelen om hun inzichten te geven. Strenger straffen? Minder ontslagbescherming? Na decennia van onderzoek is
inmiddels vaak bekend wat het effect van de voorgestel-
de maatregelen is. Die kennis willen wij brengen waar ze
hoort: in de politieke arena en het publieke debat.

Niet dat wetenschappers overal honderd procent zeker
van zijn. Integendeel. Hun vak is het om te werken aan
de grenzen van de kennis, nieuwe vragen te stellen en af
te gaan op onzekerheden. Maar er is veel waarover wetenschappers het wél onderling eens zijn. Over het effect van
bezuinigen bijvoorbeeld, een van de actuele thema's in Europa. Waarom moet het begrotingstekort koste wat het kost
terug naar drie procent? Alle vooraanstaande economen,

inclusief de hoogste econoom van het IMF, waarschuwen dat dit de crisis verergert. Dat heeft niets met ideologie of vage aannames te maken: de berekeningen van het CPB zijn erop gebaseerd.

Dat wil niet zeggen dat politici de wetenschappelijke consensus blind moeten volgen. Maar ze moeten wel kunnen uitleggen waarom bezuinigingen belangrijker zijn dan de opleving van onze economie. Want dat is de keuze.

Het is fataal als dit soort kennis niet telt in de politiek. Het leidt tot *fact free politics*, een debat waarin meningen belangrijker zijn dan feiten en argumenten. Die degeneratie van het debat gaan wij te lijf. We willen wetenschap een stem geven in de politieke arena. Die stem komt niet in de plaats van de stem van de kiezer of die van politici. Maar kennis helpt wel om te begrijpen hoe de samenleving in elkaar zit en welke keuzes er zijn. Een bijsluiter om beter te kunnen kiezen.

In de aanloop naar de verkiezingen van 2012 brachten wij 'Kiezen met kennis', een online test waarbij wetenschap en politiek met elkaar werden verbonden (meer daarover op bladzijde 141). Welk effect heeft de verlaging van de pensioenleeftijd? Wat moeten we doen om duurzame energie in te voeren? Helpt marktwerking in de zorg? De test daagde deelnemers uit om doelen en maatregelen met elkaar te verbinden. Kunnen we wat we willen?

Daarmee sluiten we aan bij de beweging in Angelsaksische landen die pleit voor *evidence-based policy*. Die beweging bepleit het uitproberen van maatregelen zoals ook nieuwe medicijnen worden uitgetest: met proefpersonen en gedegen statistiek. De werking van politieke 'medicijnen' moet blijken uit de resultaten. Voorkom je recidive als je criminelen en slachtoffers met elkaar confronteert?

In de VS wordt het uitgetest door willekeurig gekozen veroordeelden uit te nodigen voor zo'n ontmoeting. De resultaten worden vergeleken met een controlegroep van daders die hun misdaad zelf moesten verwerken. Na een paar jaar experimenteren weten we nu dat confrontatie met slachtoffers recidive vermindert. Kortom, een goed uitgangspunt voor beleid.

Niet altijd zijn dit soort rigoureuze experimenten nodig. De wetenschap heeft veel ervaringscijfers verzameld, bijvoorbeeld over het effect van kleinere schoolklassen op leerprestaties of de vervuiling van elektrische auto's. Je kunt het vaak gewoon tellen en meten.

Het Rathenau Instituut, een denktank voor wetenschap en technologie, bracht in 2012 een studie uit over *evidence-based policy: Beleid en het bewijsbeest*. Wetenschap, beleid en politiek balanceren met elkaar op een dun touw, zo concludeert het rapport. 'Te weinig wetenschap leidt tot populisme. Te veel wetenschap leidt tot vervreemding.' Politici moeten leren leven met wetenschappelijke inzichten, inclusief alle onzekerheden die daarbij horen, aldus de studie.

Die onzekerheid is een van de redenen waarom wetenschappelijke kennis vaak afwezig is in het politieke debat, zo denken wij. Politici stralen graag duidelijkheid uit en kunnen daarom niet omgaan met foutenmarges en gradaties van zekerheid. Zelfs als de cijfers eenduidig zijn, is er vaak nog te veel nuance voor de politieke arena. Ook is het traditionele gezag van wetenschap afgebrokkeld door fraude-affaires en ongefundeerde uitspraken van onderzoekers.

Wetenschap is gepolitiseerd geraakt. Bij debatten over kernenergie en het milieu blijken wetenschappers elkaar tegen te kunnen spreken en hun kennis strategisch te gebruiken. Ook zijn er maar weinig politici zelf goed thuis in de wetenschap en de wetenschappelijke methode.

Onzekerheden kwamen wij ook tegen in ons project. Gegevens die elkaar tegenspreken of – lastiger – verschil van inzicht over de wetenschappelijke methode. Die onzekerheid hebben we zo veel mogelijk zichtbaar gemaakt. Toch blijven er genoeg zaken over waarover wel consensus is.

We vellen geen oordeel over politieke visies. Politici mogen natuurlijk vinden wat ze willen. Maar we leggen hun opvattingen wel langs de wetenschappelijke meetlat. Hoe willen ze hun doelen bereiken? Wie grootse ideeën heeft, moet ook met de maatregelen komen die daarbij horen. Onze *reality check* laat zien of politici kunnen wat ze willen.

De analyses die 'Kiezen met kennis' heeft opgeleverd zullen de komende jaren actueel blijven. Daarom hebben we ze gebundeld in dit boek, samen met een aantal inleidende hoofdstukken over de relatie tussen wetenschap en politiek.

Vragen stellen of stelling nemen

Robbert Dijkgraaf

Op de weg van kennis naar verstandig beleid passeren we een grens: die tussen de wetenschap en de politiek. Die grens loopt door een niemandsland vol mijnen, dat slechts op eigen risico betreden mag worden. Oppervlakkig bezien kun je zo doorlopen, maar beter beschouwd zijn de verschillen groot. De woorden van George Bernard Shaw parafraserend: wetenschap en politiek zijn twee werelden, gescheiden door een gemeenschappelijke taal.

Zo opereren beide werelden in volstrekt verschillende domeinen van ruimte en tijd. Waar de wetenschapper zijn zinnen zet op een publicatie in tijdschriften als *Nature* of *Science*, vestigt de eendagspoliticus zijn hoop op een 'nu.nl'etje' – Binnenhofs voor een berichtje op de website nu.nl. In de politiek is de juiste timing – nu – en de juiste plaats – Nederland – allesbepalend. Uitsluitend het Kamerdebat van vandaag telt. Gisteren is lang geleden en morgen nog ver weg.

De wetenschapper probeert kennis te vinden die liefst tijdloos en universeel is, met een open einde. Geen punt dus, maar een vraagteken. Maar als de politicus vraagt wanneer die kennis relevant is – welk onderwerp zou vandaag op de agenda moeten staan? – dan slaat de nervositeit toe. De wetenschap is bijna per definitie te vroeg of te laat.

Bij aanvang van een symposium over wetenschap en politiek dat onlangs in de Oude Zaal van de Tweede Kamer werd gehouden, werd de deelnemers gevraagd of politici over te weinig of te veel informatie beschikten. Opvallend was dat alle wetenschappers de hoeveelheid informatie vanzelfsprekend tekort vonden schieten, terwijl de aanwezige Kamerleden juist klaagden over een teveel. Zij hadden geen behoefte aan nog grotere stapels rapporten op hun bureau, maar aan inzichten die deze stapels konden inkoken tot een handzame synthese. Daar ligt een schone taak voor ons soort organisaties, zeker als die stapel rapporten tegengestelde meningen en belangen bevat.

Van de Amerikaanse senator Daniel Patrick Moynihan is de uitspraak dat iedereen recht heeft op z'n eigen mening, maar niet op z'n eigen feiten. Tijdens het debat twitterde journalist Frits Wester dat in de Kamer nog nooit een besluit op basis van feiten is genomen. Maar bij *fact free politics* is niemand gebaat.

Om bruggen te slaan over de kolkende grensrivier tussen deze twee werelden zijn stevige bruggenhoofden nodig met een diepe verankering in kennis. Dat vergt van beleidsmakers begrip van de werking en de natuurlijke grenzen van de wetenschap. Politici moeten leren honderd procent vertrouwen te kunnen hebben in onderzoekers die zeggen dat ze iets voor vijftig procent zeker weten.

Onderzoekers, op hun beurt, moeten zich realiseren hoezeer politici onder druk staan om keuzen te maken en beslissingen te nemen. Hier staan beroepstwijfelaars tegenover beroepsstellingnemers – noem het een grensconflict. Het slaan van bruggen is moeilijk omdat de pijlers onderhevig zijn aan grote krachten.

Politiek is geen wetenschap

Antoine Verbij

16   Het spookte een tijdlang door de media: 'Wetenschap is
ook maar een mening.' Wie er het eerst mee kwam en wanneer valt moeilijk te achterhalen. Maar de uitspraak begon
regelmatig op te duiken in discussies over hedendaagse politiek. Vooral als het over populisten ging, van links en van
rechts. Die zouden vinden dat meningen over de samenleving, afkomstig van wie ook, op dezelfde manier waar of
onwaar zijn als wetenschappelijke uitspraken over feiten.
    Het waren vruchteloze discussies, vol misverstanden,
communicatiestoornissen, opzettelijke verdraaiingen,
maar vooral ook: vol verwarring over de vraag wat politiek is en wat wetenschap. Nu moet gezegd worden, over
die vraag breken al duizenden jaren knappe koppen hun
hersenen. Zijn wetenschap en politiek werkelijk twee volstrekt gescheiden werelden en hebben feiten en meningen
niets met elkaar te maken?
    'Reeds de oude Grieken, mijne dames en heren...' Zo
zou een verhandeling kunnen beginnen over de geschiedenis van het onderscheid tussen feiten en meningen. Wie
heeft er niet in de loop van de eeuwen een duit in het ken-

nistheoretische zakje gedaan? Van middeleeuwse theologen via strenge Schotse scherpslijpers en diepe Duitse denkers tot subtiele Britse taalontleders, moderne Amerikaanse vrijdenkers en frivole Franse postmodernisten. Al die eeuwen van intellectuele strijd leiden tot minstens één conclusie: dat het onderscheid tussen feit en mening niet zo simpel is als op het eerste gezicht lijkt. Feiten zijn niet zo hard als ze vaak worden voorgesteld en meningen niet zo willekeurig en subjectief als ze soms lijken. Over feiten valt net zo veel te twisten als over meningen. Het punt is alleen dat voor die twee discussies heel verschillende regels gelden.

17

Politieke discussies gaan over meningen. Aan de basis van iedere mening ligt een opvatting over hoe de wereld eruit zou moeten zien. Moet dat een wereld zijn waarin iedereen gelijk is of juist een waarin ieder individu zich zo vrij mogelijk kan ontplooien, een wereld waarin het woord van God of Allah de hoogste waarheid is of een waarin de economie de verhoudingen tussen de mensen dicteert? De verlanglijsten van politici zijn eindeloos gevarieerd.

Die politieke meningen botsen met elkaar in allerlei verschillende omgevingen. Bijvoorbeeld in het publieke debat zoals dat plaatsvindt in de media en op openbare bijeenkomsten. In politieke instituties zoals partijen, parlementen en buitenparlementaire groeperingen. In de diplomatie tussen politieke systemen zoals naties en ideologische formaties. En op het slagveld waar militaire divisies en terroristische organisaties het gebeuren bepalen.

In die omgevingen gelden verschillende regels die de uitkomst bepalen. Zoals argumentatieregels in het publieke debat, verkiezingsregels in de politieke instituties, omgangsregels in het diplomatieke verkeer en oorlogsregels op het slagveld. Feiten spelen in geen van die omgevingen een doorslaggevende rol. De doorslag geeft het overtuigendste argument, de sterkste fractie, de handigste manoeuvre of de meest vernietigende slag.

Heel anders gaat het eraan toe in de wetenschap. Daar spelen feiten nu juist wél een doorslaggevende rol in de uitkomst van een dispuut tussen wetenschappers. Wie met zijn theorie de meeste aanspraak op waarheid mag maken, hangt af van de vraag of hij daarmee feiten verklaart die andere theorieën niet verklaren. Zo gaat het in de natuurwetenschappen en, zij het op iets minder stringente manier, ook in de sociale wetenschappen.

Alles draait om de feiten. Dat klinkt simpel maar dat is het niet. Want wat zijn feiten? In de loop van de geschiedenis van de kennistheorie is men in toenemende mate gaan inzien dat feiten niet lijken wat ze zijn. Feiten zijn producten van onderzoekingen, experimenten en interpretaties. En achter elk onderzoek, elk experiment en elke interpretatie gaat een theoretisch wereldbeeld schuil, een selectief perspectief dat een feit zijn betekenis geeft.

Dat betekent allerminst dat feiten willekeurig en subjectief zijn. Feiten worden namelijk geproduceerd op een manier die allerlei regels volgt. Er zijn regels voor valide onderzoek, voor zuivere experimenten en voor acceptabele interpretaties. Die methodologische regels zorgen ervoor dat men het er binnen de verschillende wetenschappelijke gemeenschappen redelijk over eens is wat als feit kan gelden en wat niet.

Samengevat: in politiek en wetenschap bepalen verschillende soorten regels welke meningen aanspraak op macht mogen maken en welke feiten aanspraak op waarheid. Zo gezien lijken politiek en wetenschap twee verschillende universums die niets met elkaar te maken hebben. Maar helaas: zo eenvoudig ligt het niet. Want politici baseren zich voortdurend op feiten en wetenschappers laten zich geregeld leiden door meningen.

En dat is niet per ongeluk of toevallig zo, dat is allemaal even onvermijdelijk. Een politieke mening over hoe de samenleving eruit zou moeten zien, stoelt altijd op een beeld van hoe de samenleving feitelijk is en wat daar allemaal niet aan deugt. Bovendien omvat zo'n politieke mening veronderstellingen over hoe de samenleving te veranderen valt en daarmee over de feitelijke samenhang tussen politieke ingrepen en maatschappelijke gevolgen.

Dat is het punt waarop politici over feiten beginnen te debatteren en niet alleen maar over meningen. Dat is ook het punt waarop politici zich zouden moeten realiseren dat feiten op een andere manier tot stand komen dan meningen en ook een heel andere omgang vereisen. Onenigheid over feiten kan men niet beslechten door eindeloos te discussiëren, door een meerderheidsbesluit te nemen, door slim te manipuleren of door geweld aan te wenden.

Omgekeerd geldt dat wetenschappers bij hun beslissingen over wat ze als feiten presenteren, zich onvermijdelijk laten leiden door meningen. Die kunnen overal vandaan komen: uit het politieke of religieuze wereldbeeld dat ze aanhangen, uit hun bewuste dan wel onbewuste persoonlijke motieven, uit de belangen van de wetenschappelijke groep waartoe ze behoren of uit de belangen van hun politieke of maatschappelijke opdrachtgevers.

Dan breekt voor wetenschappers het moment aan waarop ze zich er rekenschap van zouden moeten geven dat meningen van een ander kaliber zijn dan feiten. Verschillen van mening kun je niet beslechten door een onderzoek op te zetten, een experiment uit te voeren of de juistheid van elkaars interpretatie te betwisten. Verschillen van mening in de wetenschap openbaren de onmiskenbaar politieke dimensie in dat schijnbaar zo zuiver rationele bedrijf.

Een en ander betekent niet dat politici dan ook maar wetenschap moeten gaan bedrijven en dat wetenschappers voortaan ook aan politiek moeten gaan doen. Het voeren van de strijd tussen meningen is nu eenmaal een andere discipline dan het voeren van de strijd om feiten. Ze vereisen verschillende vaardigheden, verschillende geestelijke houdingen, verschillende onderlinge omgangsvormen en verschillende manieren van publiek optreden.

Na al deze overwegingen kan de conclusie niet anders dan banaal zijn. Laat ieder zijn eigen vak zo goed mogelijk uitoefenen. En waar de een de ander nodig heeft, laat ieder daar het gesprek aangaan op basis van respect voor elkaars verschillende competenties. Politici zouden niet moeten proberen om hun eigen feiten te produceren. En wetenschappers zouden moeten vermijden elkaar met politieke middelen te lijf te gaan.

Politici kunnen soms verbeten vasthouden aan feiten die de wetenschappelijke gemeenschap als weerlegd beschouwt. Denk aan het effect van kleinere klassen op de kwaliteit van het onderwijs of de invloed van geweldsvideo's op het gedrag van jongeren. Omgekeerd zijn wetenschappers soms geneigd het werk van collega's te negeren omdat het niet strookt met hun religieuze of politieke ideeën. Denk aan de discussies over evolutie en over de klimaatverandering.

De geschiedenis laat de meest rampzalige voorbeelden zien van politici die op de stoel van wetenschappers zijn gaan zitten en omgekeerd. Dictatoriale regimes hebben onvoorstelbare slachtpartijen gerechtvaardigd met zelf in elkaar geknutselde theorieën over bijvoorbeeld rassenverschillen. Omgekeerd hebben wetenschappers hun gelijk proberen te halen door hun concurrenten bij de inquisitie of de geheime politie aan te geven.

Met die schrikbeelden voor ogen doen politici er goed aan om wetenschappelijke feiten niet als een politieke ideologie te behandelen, maar zich af te vragen wie die feiten hoe en waarom heeft geproduceerd. En wetenschappers doen er goed aan hun persoonlijke wereldbeelden die hoe dan ook in hun werk doorsijpelen, niet als onwankelbare feiten te behandelen en de discussie met hun vakgenoten te voeren met de methodologische middelen van hun discipline.

Politici zowel als wetenschappers past bescheidenheid. Wederzijdse beledigingen zoals 'Wetenschap is ook maar een mening', of de pendant 'Politici lappen de feiten aan hun laars', horen in een democratische cultuur niet thuis.

Politiek is geen wetenschap en wetenschap geen politiek. Maar hun wegen kruisen elkaar regelmatig. Om rampzalige botsingen te vermijden, is het goed wanneer ze wat meer van elkaar zouden weten. Alleen een houding van wederzijds respect kan potentiële kiezers ervan overtuigen dat kiezen met kennis een goed alternatief is voor kiezen met alleen het buikgevoel als raadgever.

Economie en Europa

1

'Snel bezuinigen vertraagt het economisch herstel'

weerlegd onwaarschijnlijk onbeslist waarschijnlijk **bewezen**

Het woord 'kapotbezuinigen' heeft goede kans de volgen-

de editie van Van Dale te halen. Het verschijnsel treft niet alleen de Grieken, die hun publieke uitgaven moeten amputeren. Ook in Nederland wordt plots geschrapt wat jarenlang gewoon op de begroting stond. De Nederlandse staat kan op dit moment tegen een historisch lage rente lenen, dus waarom laten we de schulden niet wat verder oplopen? En wat is het gevolg van 'draconische bezuinigingen' voor het economisch herstel?

IMF-voorzitter Christine Lagarde waarschuwt keer op keer voor te snelle bezuinigingen. CPB-directeur Coen Teulings doet hetzelfde: snelle bezuinigingen verergeren de recessie, zo schreef hij dit voorjaar. 'Het is beter om te werken aan geloofwaardige hervormingen die de begroting op termijn in balans brengen', voegde hij eraan toe.

Dat is geen kwestie van ideologie. Alle economen zijn het erover eens dat bezuinigen op korte termijn de groei vermindert. De economische modellen van het CPB zijn daar ook op gebaseerd. Het CPB berekende bijvoorbeeld dat de bezuinigingen van het Lenteakkoord in totaal 0,3 procentpunten economische groei kosten. Dat lijkt niet veel, maar het is bijna de helft van de totaal voorspelde groei (0,7 procent voor 2013 in de doorrekening uit juni 2012). Het gevolg van die geringere groei zit ook in de modellen: lagere belastingopbrengsten en hogere uitgaven voor sociale uitkeringen. En dat leidt vervolgens weer tot een extra tekort. De vuistregel is dat bij elke euro die de overheid bezuinigt, 35 tot 40 cent als een boomerang terugkomt als extra tekort. Bij elke drie stappen voorwaarts zetten we dus één stap achteruit.

Het hangt wel af van het type bezuiniging. Bij het ontslaan van ambtenaren wordt dit 'uitverdienen' veroorzaakt door ontslagregelingen, uitkeringen en een lagere opbrengst van de inkomstenbelasting. Ook de btw-verhoging heeft vervolgschade, doordat bedrijven door de hogere prijzen minder kunnen verkopen. Bij het schrappen van ontwikkelingshulp is het effect kleiner, omdat de klappen niet in Nederland vallen.

De economische cijferaars waren in het verleden vaak te optimistisch over bezuinigingen. Dat concludeerde het IMF in een opmerkelijke studie uit oktober 2012. Chef-econoom Olivier Blanchard vergeleek maatregelen in de afgelopen eeuw in een groot aantal landen. De schuldenlast was de afgelopen eeuw soms veel hoger dan nu in Europa. Maar de bezuinigingen deden vaak meer kwaad dan de politici verwachtten, zo concludeert hij. Vooral kortetermijnmaatregelen worden vaak volledig tenietgedaan door de negatieve bijeffecten. Ook het IMF zelf was in het verleden meestal te optimistisch over bezuinigingen volgens deze studie.

Inmiddels waarschuwt het IMF Nederland dan ook om niet te snel te bezuinigen. Dat remt inderdaad de groei.

Waar economen over van mening verschillen is de vraag: wat gebeurt er op de langere termijn? Hier speelt het koele rekenwerk van investeerders een belangrijke rol. Als bijvoorbeeld de schulden te veel oplopen, wordt het voor een land moeilijker om nog nieuwe leningen af te sluiten. Het risico wordt groter dat beleggers hun geld niet meer terugkrijgen en de rente loopt op om recht te doen aan het hogere risico. Door die hogere rente loopt de schuld nog verder op en het land komt in een negatieve spiraal terecht. Dat zien we bij Griekenland.

Om te voorkomen dat Europese landen te veel op de pof leven, spraken de Europese leiders normen af voor het begrotingstekort. Dat was in 1997, als voorbereiding op de invoering van de euro. Een tekort van 3 procent leidt op den duur tot een schuld van 60 procent van het BNP, zo hadden de Europese leiders laten berekenen. Dat leek hun een gezonde schuld. En dus kozen ze 3 procent tekort als norm. Nederland zit met 65 procent schuld dicht bij dat Europese ideaal.

Bij het cijferwerk werd een inflatie aangenomen van 2 procent en een groei van 3 procent. Inmiddels zijn inflatie en groei veel lager. Als de Europese leiders hun sommetjes opnieuw zouden maken met de huidige cijfers, zouden ze slechts een tekort van 1,5 procent toestaan.

De berekeningen behelzen een heleboel onbekende factoren. In Nederland zou je ook de vergrijzing moeten meerekenen die de economische groei verder beperkt – en daarmee de mogelijkheid om schulden in de toekomst terug te betalen. Het is dus onduidelijk hoe hoog het tekort op den duur mag zijn om op een 'gezonde schuld' uit te komen.

Ook is het onduidelijk hoe snel je als land moet bezuinigen als de tekorten oplopen. Hoelang mag het duren voordat je op de ideale schuld zit? Olivier Blanchard van het IMF denkt aan twintig jaar. 'Zo lang duurde het ook voordat de hoge schulden uit de Tweede Wereldoorlog waren weggewerkt. Schulden verlagen is een marathon, geen sprint. Een te hoog tempo brengt de groei om zeep en verhindert herstel. Het is als optrekken met de handrem er nog op.'

Sommige andere economen denken dat bezuinigingen sneller moeten. Beleggers op de geldmarkten kijken namelijk steeds minder naar het langetermijnperspectief van staten. Ze gaan af op de goede wil van landen en signalen dat er iets verandert. Het tekort laten oplopen is dan een teken van zwakte, waarop de markten meteen reageren met een rentestijging. Er zijn echter geen economen die beweren dat de begrotingsnorm binnen een jaar moet worden behaald. Grof hakken heeft geen zin als het eigenlijk om een structurele verandering van de publieke uitgaven gaat.

Bram Vermeer

2

'Het is voor iedereen beter dat Griekenland de euro verlaat'

Het vertrek van Griekenland uit de eurozone is een spookbeeld, een nachtmerrie, zeggen veel economen. Maar dat wil niet zeggen dat het niet kan gebeuren. En als Griekenland géén afscheid neemt van de euro als munt, kan er ook van alles misgaan.

Blijf vooral in de eurozone, adviseert Douglas J. Elliott van het Brookings Institution in de VS. Van die kant van de oceaan gezien kan er alleen maar ellende van een 'Grexit' komen. Het wordt in Griekenland zelf een economische puinhoop, de rest van Europa duikt een flinke recessie in, voor de VS betekent het een lichte recessie en China moet een paar procent groei inleveren. Stuk voor stuk verdienen veel landen een tijdje niet het geld dat ze anders zouden verdienen. Totale schade, volgens het Institute of International Finance: meer dan duizend miljard euro.

Als Griekenland vertrekt is dat omdat het land niet genoeg verdient om de rente en aflossing op zijn schulden te betalen. Het zou natuurlijk ook als euroland failliet kunnen gaan, dat verlost het land van de staatsschuld. Maar ook dan is de economie nog niet concurrerend: om dat te worden, moeten alle Grieken minder gaan verdienen of lagere uitkeringen krijgen, waarbij dan liefst ook de prijzen wat zakken. Zulke deflatie is mogelijk, maar het moet met ijzeren hand. In Letland lukte het, gedreven door een keihard doorpakkende regering en een bevolking die wist dat ze door de zure appel heen moest om zich bij de euro te mogen aansluiten. Of Griekenland het ook voor elkaar zou krijgen, met een regering die weinig vertrouwen van de bevolking heeft, lijkt twijfelachtig.

Met een aparte munt is dat een stuk gemakkelijker. Op de internationale markten zal een heringevoerde drachme al gauw in waarde dalen, en daarmee zakken voor buitenlanders ook de Griekse lonen en prijzen. De Grieken zullen zich een tijdlang niet de nieuwste iPads of Volkswagens kunnen permitteren, maar juist wel horden toeristen op bezoek krijgen. Tenzij door die zwakke munt en het overheidsbeleid de inflatie flink aanwakkert, sombert Elliott. Dan is dat voordeel ook zo weer weggesijpeld en heb je voor je moeite alleen maar blijvende armoede.

Daar komt dan nog bij dat ook andere landen, zoals Nederland, zullen lijden onder de Grexit. Beleggers en spaarders in landen met veel schulden, zoals Portugal, Spanje, Italië en Ierland, zullen vrezen voor hetzelfde scenario en hun geld wegbrengen naar veiliger geachte streken. Deze economieën krijgen het hierdoor zwaar te verduren. Voor je het weet grijpt een Griekse ziekte om zich heen en spat de eurozone uit elkaar. Dat kan het sterke Noorden alleen voorkomen als het zwakke landen en hun banken zwaar steunt. Uiteindelijk brengen de belastingbetalers dat op. En wanneer die maatregelen niet helpen en de zwakke broeders toch de eurozone verlaten, komt een ander nadeel om de hoek kijken: de euro zal weer het vertrouwen krijgen van de internationale beleggers en dus flink in waarde stijgen. En dan heeft opeens niemand meer zin in Volkswagens. Niet doen dus? Wel doen, zegt Roger Bootle van het Londense Capital Economics. Om een simpele reden: het is onvermijdelijk. Griekenland verdient gewoon te weinig om de rente op zijn schulden te betalen en al die bezuinigingsmaatregelen helpen het land alleen maar verder het slop in. En wat onvermijdelijk is, kun je maar beter meteen laten gebeuren.

In een zeer uitgebreide beschouwing, zijn inzending voor de Wolfson Economics Prize, doet Bootle precies uit de doeken hoe je de Grexit – hoe pijnlijk die ook wordt – het beste kunt organiseren. En doordat hij het zo nuchter en feitelijk opschrijft, lijkt het iets minder nachtmerrie-achtig. Overal heeft Bootle een oplossing of een troost voor. Gaat Griekenland buiten de euro failliet? Binnen de euro ook, maar dan langzamer. Zal het land dan jarenlang zijn afgesneden van de kapitaalmarkten? Welnee, Uruguay mocht in 2003 na vijf maanden alweer lenen, gewoon omdat de economie er weer goed uitzag. Zijn er na de exit, die per definitie onverwacht en bliksemsnel zal moeten plaatsvinden, geen drachmebiljetten beschikbaar? Dan doe je het toch gewoon een tijdje zonder contant geld. We betalen toch allemaal met pasjes. Die blijven gekoppeld aan je rekening, maar die is dan opeens een drachmerekening geworden. Gaan de overblijvende landen lijden onder hun sterke euro? Zij kunnen tenminste een sterke gemeenschappelijke economische en politieke unie vormen, met alle voordelen van dien. Zij wel.

De Wolfson Economics Prize waarvoor Bootle instuurde was ingesteld door Policy Exchange, een Britse denktank. Het was een eenmalige prijs, voor het beste voorstel om de eurozone te ontmantelen. Bootle won de prijs. Maar dat wil niet zeggen dat hij gelijk heeft. Er is geen eenstemmigheid over deze kwestie. Het afscheid van een land uit een gemeenschappelijke munt blijft een ongewis avontuur.

Bas den Hond

3
'Brussel moet meer macht krijgen om de EU bijeen te houden'

In 2012 ging de Nobelprijs voor de Vrede naar de Europese Unie. Het nieuws over deze opvallende keuze zorgde voor tegenstrijdige reacties. Volgens Geert Wilders (PVV) 'stort Brussel heel Europa in ellende'. Diederik Samsom (PvdA) ziet de prijs als een 'opdracht aan deze generatie politici'. Door de crisis staat de Europese Unie in ieder geval op een keerpunt. Hoe houden we Europa nog eens zestig jaar bij elkaar? GroenLinks en D66 willen een sterker Europa. Maar helpt dat? Of houd je Europa juist het best bijeen door minder Brusselse macht?

De Europese Unie heeft veel kenmerken van een federale staat. Federale staten, zoals de VS en Duitsland, hebben een beperkt centraal bestuur en bestaan uit deelstaten die op belangrijke thema's over autonomie beschikken. Op het eerste gezicht doen federaties het goed. Wereldwijd heeft de helft van alle landen een federale staatsvorm. Het is de betere helft. Samen zijn alle federale staten verantwoordelijk voor tweederde van alle globale verdiensten.

Maar als het over federaties gaat, blijft één onderwerp steeds terugkeren: stabiliteit. Er zijn weinig studies die federaties met elkaar vergelijken. De meest systematische is *The Robust Federation* van de Amerikaanse politicoloog Jenna Bednar uit 2009. Niet alle collega's stonden te juichen over deze studie. Appels worden met peren vergeleken, vond bijvoorbeeld James Gardner: 'De praktijk van federaal bestuur is wereldwijd zo verschillend, zo afhankelijk van de lokale context, dat de botte gereedschappen van positieve politieke theorie ongeschikt zijn om die te vergelijken, laat staan om voorspellingen te doen.' Maar Jenna Bednar is zich in haar studie van die complexiteit bewust. En het is vooralsnog een van de weinige systematische studies naar de stabiliteit van federaties.

Federale staten maken het zichzelf niet makkelijk, zo schrijft ze. Wie een staat ontwerpt, kiest liever voor een centraal geleid bestuur. Daarin zijn alle verantwoordelijkheden veel gemakkelijker vast te leggen. Maar vaak is er geen andere mogelijkheid.

Dat gold voor James Madison, toen hij in 1787 de basis legde voor het federale Amerika. Het losse samenwerkingsverband van staten had tot dan toe slecht gewerkt. En een eenheidsstaat was onhaalbaar, de angst voor een nieuwe koning was te groot. De Britse overheersing lag nog vers in het geheugen.

Een federatie is zo lastig omdat staat en deelstaten voortdurend aan het touwtrekken zijn. De deelstaten komen in de verleiding om macht naar zich toe te trekken en centrale regels te ontduiken. Maar ook het federale bestuur heeft de neiging om zijn invloed uit te breiden om zo het eigen beleid gemakkelijker te kunnen uitvoeren.

Het conflict zit dus ingebakken in een federatie. Soms is dat ook de bedoeling. Laat Duitsland maar een federatie worden, dachten de Fransen en Amerikanen na de Tweede Wereldoorlog. Het ingebouwde conflict zou van Duitsland een tandeloze staat maken. Maar vooral voor de Duitse wetenschap en technologie is het federale systeem een zegen gebleken. Niet de staat besliste over innovatie, maar de korte lijnen tussen de verschillende belanghebbenden. Dat zorgde in Duitsland voor een efficiënte, decentrale sturing van technologie, wetenschappelijk onderzoek en instellingen. Het *Wirtschaftswunder* uit de jaren zestig, met een oersterke middenstand en een slagvaardige industrie, is daar voor een belangrijk deel uit ontstaan.

Niet alle federaties zijn zo robuust als Duitsland. Dat laat de geschiedenis van de federale staat Argentinië zien. Toen de centrale regering in 1999 maatregelen afkondigde om de belabberde economie op de been te helpen, ontdoken de deelstaten deze door zelf op grote schaal leningen uit te schrijven. De federale regering had de bevoegdheid om in te grijpen en verving bestuurders. Deelstaten werden gedwongen tot scherpe bezuinigingen en het verlagen van salarissen. De bevolking pikte dat niet en kwam massaal in opstand, wat uiteindelijk leidde tot een *bank run* en het faillissement van Argentinië in 2001. De conflicten die in de federale staat zitten ingebouwd, hadden het land vleugellam gemaakt. Na het bankroet devalueerde de peso snel. Dat hielp uiteindelijk het land er weer bovenop. Het werd aantrekkelijk om Argentijnse producten te exporteren. Maar de staatsvorm bleef dezelfde.

In vergelijking met andere federaties zijn de Europese instituties zwak, zo constateert Jenna Bednar in haar studie. Het Europees Parlement heeft lang niet zo veel macht als het Amerikaanse Congres. Voor de Europese lidstaten zijn er ook meer mogelijkheden om federale wetgeving te verwerpen dan in andere federaties.

Eigenlijk is het een wonder dat de Europese Unie toch zo stabiel is. Dat verklaart Jenna Bednar door een aantal bijzondere eigenschappen van het Europese bestuur die bij vrijwel geen enkele andere federatie te vinden zijn. Zo heeft het Europese Hof van Justitie bevoegdheden die bij andere federale gerechtshoven ontbreken. Het Hof kan boetes opleggen als staten over de scheef gaan. Dat gebeurt niet vaak en de boetes zijn ook niet hoog, maar er gaat een grote symbolische kracht van uit. Bij een veroordeling gaat het volgens Bednar niet om de mogelijkheid tot vergelding, maar om het eenduidige signaal dat een lidstaat verkeerd zit.

Een andere bijzonderheid is volgens Bednar het *à la carte*-lidmaatschap van Europa. Landen kunnen kiezen om met sommige regelingen niet mee te doen en met andere weer wel. Denemarken doet niet mee met de euro, Groot-Brittannië doet ook niet mee met een aantal sociale wetten, maar Zwitserland (dat geen lid is van de EU) doet wel mee met 'Schengen'. Die vrijwilligheid maakt dat de ergste tegenstribbelaars buiten de deur blijven en regelingen vooral worden uitgevoerd door landen die min of meer instemmen.

Als derde positieve element in Europa ziet Bednar het constante wedijveren van de staten onderling, zodat ze niet door andere lidstaten worden overvleugeld. Europa heeft zodoende meer *checks and balances* ingebouwd dan veel andere federaties. Weliswaar verloopt Europese wetgeving daardoor moeizamer dan elders en maakt het de Unie minder slagvaardig. Maar aan de andere kant zit er een groot voordeel aan: als er nieuwe regels worden aangenomen, worden ze wel breed gesteund. Er is bijvoorbeeld geen verschil van mening over de constatering dat Griekenland financieel over de scheef is gegaan.

Die drie factoren – bijzondere bevoegdheden, *à la carte*-lidmaatschap en concurrentiedruk – houden Europa stabiel. Dat bleek toen Nederland en Frankrijk in 2005 de Europese grondwet verwierpen. Weinig federaties zouden het afstemmen van een grondwet hebben overleefd. Maar de Unie vertoonde weinig schrammen en ging gestaag door met het zoeken naar draagvlak voor nieuwe maatregelen. Als het aan de analyse van Jenna Bednar ligt, zou je dus niets aan de structuur van de Unie moeten veranderen. Een sterker bestuur doet in haar ogen meer kwaad dan goed. Europa is opvallend stabiel doordat het schijnbaar tegengestelde krachten toestaat en veel ruimte voor dialoog en debat in de structuur heeft ingebakken. Dat maakt Europa niet altijd efficiënt, maar Europa blijft daardoor wel goed bijeen. Ieder sterker centraal gezag zou de precaire balans verstoren, waardoor er meteen conflicten zouden oplaaien.

De analyse van Jenna Bednar beperkt zich tot de balans tussen de officiële instanties in de EU en de lidstaten. Banken komen in haar studie niet voor. Daarmee heeft ze een blinde vlek voor een belangrijke oorzaak van huidige instabiliteit. Juist op financieel gebied laat de structuur van de Europese Unie veel te wensen over.

Andrew Haldane, topman bij de Britse centrale bank, trok in 2011 veel aandacht toen hij in het toonaangevende wetenschappelijke tijdschrift *Nature* de structuur van het financiële systeem in kaart bracht. Hij riep daarvoor de hulp in van – let wel – een bioloog, Robert May, hoogleraar in Oxford. Het web van relaties tussen banken deed hem namelijk sterk denken aan een ecosysteem. Ook in een natuurgebied zijn planten en dieren sterk van elkaar afhankelijk. Komt er een crisis, bijvoorbeeld doordat er een ziekte uitbreekt, dan kan een heel ecosysteem instorten. Op dezelfde manier leidde het faillissement van Lehman Brothers tot een wereldwijd domino-effect waarbij de crisis overal tegelijk toesloeg. De afgelopen decennia deden biologen veel computerberekeningen om de kwetsbaarheid van ecosystemen te analyseren. De computer kan het hele voedselweb van eten-en-gegeten-worden naspelen. Dat levert belangrijke kennis op voor natuurbeschermers.

Op dezelfde manier speelden Haldane en May het financiële systeem na. De interacties tussen banken zijn nog een stuk complexer dan de uitwisseling in natuurlijke ecosystemen. De honderden verschillende financiële producten konden niet allemaal worden meegenomen in de berekeningen. De financiële ecologie staat als wetenschap nog aan het begin. Maar uit de computersimulaties blijkt wel dat de huidige controlemechanismen voor banken niet voldoen. Die zijn gericht op het redden van afzonderlijke banken. Wie het hele systeem wil stabiliseren, moet andere eisen stellen, gericht op de stabiliteit van het systeem. Toezicht op hun beleid bijvoorbeeld.

In de EU is het probleem dat dit toezicht op banken helemaal gedecentraliseerd is. Het is een zaak van afzonderlijke lidstaten. Die konden daardoor lange tijd ongestoord hun gang gaan, zoals een konijn dat in Australië wordt losgelaten – zonder natuurlijke vijanden. Ook die situatie is nagebootst met computersimulaties. Dat deed de Amerikaanse econoom Tilman Dette (Harvard) samen met twee wiskundigen. Ze lieten in hun computer Griekenland omvallen, maar Europa kon die tik nog hebben, zo bleek. Toen ze daarna ook Ierland failliet lieten gaan, schrokken ze. Niet alleen in Europa maar zelfs in de VS viel het hele kaartenhuis in elkaar.

Wie het financiële systeem overeind wil houden, moet dus oog hebben voor het grotere geheel. Dat inzicht heeft bij het beschermen van de natuur al tot successen geleid. Natuurbeschermers bouwen allang geen nestkastjes meer om individuele soorten te redden. In plaats daarvan richten biologen zich op de bescherming van een hele habitat. Europa werkt nu ook aan een centraal toezicht op banken.

Er zijn honderden andere wetenschappelijke studies over de Europese Unie, vanuit allerlei invalshoeken, niet zo vergelijkend als Bednar, niet zo wiskundig als Haldane en Dette. Maar wel inzoomend op belangrijke details. Over de ideale omvang van de Commissie bijvoorbeeld, of over het samenwerken van de verschillende bestuurslagen in Europa. Maar die studies kijken allemaal niet naar de stabiliteit van het geheel. Volgens de studies die wél over stabiliteit gaan, hebben we dus een sterker financieel toezicht nodig – en dus een sterker Europees gezag op dit gebied. Maar op andere gebieden werkt versterking van Europa juist negatief.

Bram Vermeer

4

'Een belasting op transacties stabiliseert financiële markten'

Europa heeft concrete plannen om een financiële-transactietaks in te voeren. Dat moet jaarlijks 57 miljard euro gaan opbrengen. Het is een oud middel. De meeste westerse landen, ook Nederland, hebben vanaf de jaren zeventig zo'n belasting ingevoerd en vervolgens, in de jaren negentig, weer afgebouwd of geheel afgeschaft vanwege nadelige gevolgen voor de financiële markten.

De afgelopen 25 jaar werden veel regels afgeschaft waarvan gedacht werd dat ze de markt zouden beperken. Maar de crisis maakte de omvang en het belang van de financiële sector duidelijk. Daardoor stijgt nu de roep om een wereldwijde belasting op financiële transacties. Niet alleen pressiegroepen van economieprofessoren, burgers en miljonairs, maar ook de linkse partijen in Nederland en de Europese Unie maken zich daarvoor sterk.

Waarom zo'n taks? Het belasten van financieel verkeer staat ook bekend als de Robin Hood Tax. Zoals de Engelse volksheld van de rijken stal om het vervolgens onder de armen te verdelen, zo moet deze belasting ook tot een herverdeling van de financiën leiden. Dat is niet alleen

een nobel streven. Economisch is er ook wat voor te zeggen: de markt heeft een afremmechanisme nodig. Belasting heeft die remmende werking omdat het aan transacties een prijskaartje hangt. Dit was ook de gedachte achter het voorstel dat Nobelprijswinnaar James Tobin in 1972 deed. Hij stelde voor de valutahandel te belasten om op die manier een beetje zand in de raderen van de financiële markt te strooien. Maar de Tobin-taks is nooit in praktijk gebracht. Economen geloofden dat het belasten van valutahandel veel riskanter was dan het belasten van andere transacties, waarmee wel al ervaring was. Er was daarom geen draagvlak voor een Tobintaks.

De huidige voorstellen van de Europese Unie voor een financiële-transactietaks (FTT) gaan veel verder dan de Tobin-taks. Naast valutahandel willen ze namelijk veel meer vormen van financiële transacties met een halve procent belasten. Bijvoorbeeld handel in obligaties, aandelen en afgeleide producten. Onlangs heeft Frankrijk al een FTT ingevoerd. De Fransen hopen op navolging binnen de Europese Unie omdat ze bang zijn dat anders de handel buiten Frankrijk gaat plaatsvinden.

Zo'n vlucht van handel vond in de jaren tachtig al plaats in Zweden. Daar werd in 1984 een belasting op alle transacties door Zweedse handelaren ingevoerd. Binnen vier jaar was meer dan de helft van alle beurshandel naar Londen vertrokken.

De Engelsen hebben weliswaar ook een FTT, maar hun zogenaamde *stamp duty* van een halve procent geldt niet alleen in het Verenigd Koninkrijk, maar voor alle wereldwijde handel in Britse aandelen. Daarom hebben handelaren en bedrijven Engeland niet de rug toegekeerd. De London Stock Exchange is nu de op één na grootste beurs ter wereld.

Wat gebeurt er als we een belastingmaatregel invoeren? Geeft dat inderdaad stabilisatie van de markten? De theorie is simpel: door de taks denken handelaren iets beter over de koop na. Dat ontmoedigt dus riskante speculatie, het beperkt het handelsvolume en maakt de koersbewegingen kleiner. De FTT zorgt er dus voor dat van een transactie de fundamentele waarde op lange termijn belangrijker wordt dan de handelswaarde op korte termijn. Meer stabiliteit dus, zo is de redenering.

Dit is een typische argumentatie in de stijl van de Britse econoom John Keynes: om kortetermijndenken te voorkomen moet een drempel worden ingevoerd, zodat het gokken op wat de 'algemene opinie verwacht dat de algemene opinie zal zijn' wordt ontmoedigd.

In de huidige financiële markten geldt dit argument des te sterker: computergestuurde handelssystemen en glasvezelverbindingen werken het kortetermijndenken in de hand. Geautomatiseerde handelssystemen kunnen binnen een fractie van een seconde reageren op koersbewegingen. Dat levert individuele handelaren winst op, maar zorgt er ook voor dat schommelingen in de markt als het ware worden uitvergroot. Als alle computersystemen op de fluctuaties van de markt reageren, kan een kleine koersverandering een grote impact hebben.

De recente crises zijn daarvan de beste voorbeelden. De markt werd beheerst door speculatie op de algemene opinie van de algemene opinie, zoals Keynes het ooit ironisch noemde. Dat kwam in plaats van een gedegen analyse over de financiële toestand van een bedrijf. Dus als de FTT een effect moet hebben, dan zouden de geautomatiseerde handelssystemen daar het meest door worden benadeeld. Daarmee zou volgens de gangbare opvattingen een FTT kunnen meehelpen aan het stabiliseren van de financiële markten. Maar na de recente economische crises worden er ook steeds meer fundamentele vraagtekens gezet bij de *Homo economicus*, het uitgangspunt van economische theorie. De mens handelt rationeel en in het eigen belang. Markten zijn daarom altijd rationeel en efficiënt.

Dat wordt betwijfeld door behavioristen, een opkomende groep economen die onderzoekt hoe consumenten reageren op economische prikkels. Zelfs neoliberale economen zoeken naar andere verklaringen.

De klassieke economie beschrijft markten in rustig vaarwater. Maar in tijden van crisis kunnen er onvoorspelbare dingen gebeuren, vooral als er ook nog eens irrationele handelaren in het spel zijn die impulsief reageren. Daarop hebben bestaande modellen maar weinig greep. Daarom is het belangrijk om onzekere factoren weer in voorspellingen te betrekken.

De Franse econoom en natuurkundige Jean-Philippe Bouchaud schreef kort na het uitbreken van de crisis in *Nature*: 'Free markets are wild markets.' De heftige koersbewegingen in extreme situaties maken de markt volgens hem instabiel. De overheden in Amerika en Europa hebben meteen in de markten ingegrepen om stabiliteit terug te brengen en de gevolgen in te dammen. Die maatregelen zijn volgens het Internationaal Monetair Fonds nog niet voldoende. En dat terwijl het IMF een instituut is dat als neoliberaal bolwerk te boek staat.

Maar als de economische theorie in tijden van crisis op losse schroeven staat, helpt een transactietaks op zo'n moment dan wel om stabiliteit te brengen? In een analyse in opdracht van de minister van Financiën kwam het CPB onlangs tot de conclusie dat het 'ambigu' is of een FTT de gehoopte werking heeft. Het Planbureau maakt gebruik van studies waaruit blijkt dat de financiële sector ondanks een FTT grote risico's zal blijven nemen. Weliswaar zullen het handelsvolume en de kortetermijnhandel dalen, maar het grote probleem, namelijk het nemen van grote risico's, wordt daardoor niet aangepakt.

Banken zullen ook in de toekomst blijven speculeren in de wetenschap dat de staat hen toch zal steunen als ze in de problemen raken. Ze zijn *too big to fail*. Ook als ze zelf de verleiding tot speculatie kunnen weerstaan, moeten ze de risico's van andere banken dragen, want alle financiële instellingen zijn door belangen met elkaar verweven. De risico's worden doorgegeven, het domino-effect blijft bestaan.

Ook economen van het IMF zetten in een rapport vraagtekens bij de effecten van de FTT. Het probleem is volgens het IMF vooral de omvang van de instituties en hun enge verwevenheid, zoals ook het CPB schreef. Bovendien wordt de belasting waarschijnlijk gewoon doorberekend aan consumenten. Ten slotte treft de belasting de landen die veel handelen het zwaarst. Dat is onrechtvaardig volgens het IMF.

Economen van onder meer het IMF pleiten voor een alternatief. Belast niet de omzet van de handel, maar de netto opbrengsten van financiële instellingen en salarissen van managers: de financiële-activiteitentaks (FAT). Dat zou veel effectiever zijn omdat daardoor bijvoorbeeld het blinde streven naar de hoogste winst wordt aangepakt. Maar de FTT is op dit moment de enige optie die snel ingevoerd kan worden. Een FAT vereist namelijk complexe berekeningen met gegevens die nu niet altijd publiek zijn. Daarom pleit de EU voor invoer van de FTT.

Als het probleem speculatie is, zoals Keynes en Tobin menen, dan is de FTT een effectief middel. Maar als het probleem de omvang en de verwevenheid van financiële instellingen is, dan is het ongewis of een belasting op transacties tot stabilisatie van de markten zal leiden.

Thijs Menting

5
'Subsidies zijn onmisbaar om de industrie te laten innoveren'

46 'Innovatie' is een van de meest gebruikte woorden in verkiezingsprogramma's. Of het nu gaat om kunst, industrie of onderwijs: we moeten innoveren. Politici willen dat graag stimuleren, want innovatie is de heilige graal van de westerse wereld. Vernieuwing betekent vooruitgang. Nieuwe producten geven de belofte van werkgelegenheid en zijn nodig om het milieu vooruit te helpen.

Met innovatie wordt niet zomaar 'iets nieuws' bedoeld. Het is een doorbraak, waardoor plotseling heel nieuwe mogelijkheden ontstaan. Zoals met de komst van gps, dat heel andere mogelijkheden heeft dan een kompas. Het is een uitvinding waarvoor je patent kunt aanvragen. Maar wat is het beste recept voor innovatie?

Veel politici menen dat je innovatie het best kunt bevorderen met extra geld voor onderzoek en ontwikkeling. Het is ook het uitgangspunt van het industriebeleid van de Europese Unie. De verklaringen van Lissabon (2000) en Barcelona (2005) gaan ervan uit dat meer geld voor R&D extra innovatie oplevert. Elk lid van de EU moet daarom minstens 3 procent van het BNP aan R&D besteden, zo is afgesproken. Nederland zit op 1,6 procent. Toch staat Nederland met deze relatief lage R&D-uitgaven boven in de internationale innovatieklassementen. Bijvoorbeeld in de lijst die de toonaangevende Franse managementschool Insead in 2011 maakte. Nederland kwam daar op plaats negen, boven Duitsland en Japan.

Uit dit soort lijstjes blijkt steevast dat meer geld voor R&D niet automatisch leidt tot meer innovatie. Zo geeft Korea veel geld aan innovatie uit, maar scoort het in de innovatieklassementen veel lager dan Nederland.

Nog een vaak gehoord recept: innovatieve bedrijven bij elkaar brengen. Geïnspireerd door Silicon Valley probeert iedereen het Californische succes na te bootsen. In Nederland hebben we bijvoorbeeld een Brainport (Eindhoven), een Food Valley (Wageningen) en een Energy Valley (Groningen).

Natuurlijk wil elke provincie een leuk bedrijventerrein hebben, maar helpt het de innovatie vooruit als we gelijkgezinde bedrijven bij elkaar zetten? Uit patentgegevens blijkt dat nieuwe vindingen zeker niet alleen in die valleien van innovatie worden gedaan. De vernieuwingsgeest is de laatste decennia geleidelijk uitgevloeid over heel Europa. Vooral voor nieuwe technologieën, zoals in de elektronica, maakt de geografie niet veel meer uit. Wie bij de ontwikkeling van nieuwe producten bij een bedrijf als Philips gaat kijken, ziet dat het web van samenwerking zich uitspant over de hele wereld. Logisch, internet maakt samenwerken makkelijker.

Een ander standaardrecept: meer natuurwetenschappen en techniek in het onderwijs en betere prestaties in die vakken helpen innovatie vooruit. Ook hier geldt dat er niet direct een relatie tussen onderwijs en de kracht van de industrie is te vinden. In België bijvoorbeeld kiest een groter deel van de studenten voor natuurwetenschap of techniek. Maar dat heeft niet geleid tot een hogere innovatiescore voor België. Zwitserland scoort het hoogst in innovatie, maar de schoolprestaties in natuurwetenschappen liggen binnen de OECD op een gemiddeld niveau.

Kortom: er zijn geen eenvoudige recepten om vernieuwing te stimuleren. Geld, onderwijs en de nabijheid van een innovatief bedrijvenpark zijn niet per se nodig om tot resultaten te komen. Maar wat dan wel?

Om dat te analyseren is het belangrijk om te weten hoe een doorbraak tot stand komt. Het is niet voldoende om te variëren op bestaande technieken. Een cd kun je niet bedenken door iets te veranderen aan een langspeelplaat. Echt iets nieuws ontstaat door het bedenken van nieuwe combinaties. Bij de cd-speler was dat het combineren van lasertechniek met digitale elektronica. Het waren technieken die al bestonden maar in een heel andere context werden gebruikt, voor een ander doel.

Het helderst is dat geanalyseerd door de Iers-Amerikaanse ingenieur en econoom W. Brian Arthur in zijn boek *The Nature of Technology*. Het boek is de neerslag van een levenslange studie naar innovatieprocessen. Om technieken samen te brengen en in een nieuwe context te plaatsen, moet je in verschillende vakgebieden thuis zijn, aldus Arthur. 'Bij vrijwel alle technische doorbraken die ik bestudeerd heb, komt de doorbraak van iemand die in minstens twee verschillende richtingen is afgestudeerd.' Dat is ook de reden dat gemiddelde onderwijsprestaties zo weinig zeggen over de innovatieve kracht van een land, denkt Arthur. Het gaat om de top van de piramide. 'Je hebt mensen nodig die verschillende wetenschappen goed begrijpen en daar ook in gewerkt hebben.'

Innovatoren moeten dus in een positie zijn om verschillende zaken met elkaar te combineren en nieuwe dingen te bedenken. Daarvoor moet je de deuren openzetten, zodat nieuwe ideeën doordringen in de bestaande laboratoria. Het gaat om verrassende inzichten die je niet tevoren kunt voorzien. Te veel pogingen om onderzoek te sturen werken daarom ook averechts, denkt Arthur. 'In Europa worden onderzoeksprojecten vaak gekoppeld aan een maatschappelijk doel. Dat is onzinnig. Duitse natuurkundigen in de jaren twintig wisten absoluut niet wat de toepassingen konden zijn toen ze de kwantummechanica ontwikkelden. Maar ze schiepen daarmee nieuwe ruimte voor techniekontwikkeling. De hele micro-elektronica is erop gebaseerd. Toen in de jaren vijftig en zestig de laser werd ontwikkeld, wist niemand daarvoor een toepassing. Als je alleen onderzoek doet dat binnen vijf jaar toepassing vindt, ben je bezig met een invuloefening.'

Invuloefeningen zijn op zich ook wel nuttig bij de uitwerking van nieuwe ideeën, aldus Arthur. Er komt een proces van geleidelijke verfijning op gang. Ingenieurs bedenken nieuwe variaties, toegesneden op nieuwe toepassingen. 'Je moet technieken variëren en optimaliseren. Dat gaat sneller als je meer geld hebt en daardoor meer pogingen parallel aan elkaar kunt ondernemen. Het vereist ook mensen die goed zijn in één specialisme en daar hun tanden in zetten.'

Een echte doorbraak kun je niet met subsdie sturen. Maar bij het uitwerken van een uitvinding helpt het wel.

Bram Vermeer

6

'Rails en treinen kunnen beter door één bedrijf worden beheerd'

50   De beleidsmakers in Brussel willen niet alleen de euro redden. Ook de toekomst van het spoorvervoer gaat ze aan het hart. De Europese Commissie overweegt daarom verplicht te stellen dat de rails en de treinen in handen van verschillende bedrijven komen.

Tot nu toe was de regel soepeler: beide moeten gescheiden worden beheerd. Maar dat kan nog wel door één bedrijf worden gedaan, zoals in Duitsland door de Deutsche Bahn. Er rijden in dat land ook andere bedrijven op de rails. Dat roept dan wel vragen op over een eerlijke verdeling van het spoor over de verschillende partijen. Maar met goede spelregels en een sterke toezichthouder kan vals spelen worden voorkomen, denken sommige onderzoekers.

In Nederland lopen we voorop in het scheiden van rails en treinen. Sinds 1995 is het beheer van de rails en het verdelen van de capaciteit over treinondernemingen in handen van NS Railinfrabeheer, in 2002 werd dat ProRail, een bedrijf dat helemaal losstaat van de NS. Dat drong maar langzaam door tot reizigers. Die bleven nog jarenlang de NS de schuld geven van elke vertraging, ook toen het aantal problemen op het spoor enkele jaren geleden enorm toenam door problemen met seinen en wissels. Dat is een zaak waar ProRail over gaat.

Volgens de economische theorie is het een goede zaak dat verantwoordelijkheden gescheiden zijn. Vroeger kon alleen de regering de NS opdragen om beter te worden. Nu heb je verschillende bedrijven die elkaar letterlijk kunnen afrekenen op het nakomen van een contract, compleet met kwaliteitsclausule. Er ontstaat ook concurrentie. Niet om wie de beste rails en stations kan aanbieden, zulke infrastructuur is een 'natuurlijk monopolie'. Maar treinbedrijven zouden met elkaar kunnen concurreren om toegang tot het spoor of om reizigers op hetzelfde stuk spoor. Het eerste gebeurt bij het passagiersvervoer in Nederland, waar bedrijven kunnen inschrijven op sommige lijnen. Het tweede gebeurt bij het vrachtvervoer in ons land, waar meerdere bedrijven op dezelfde rails rijden.

Omdat veel Europese landen de richtlijn weer net iets anders uitvoerden, is er de afgelopen twintig jaar eigenlijk een economisch experiment uitgevoerd. Welke vorm van scheiding is het beste? Daar hebben veel onderzoekers zich over gebogen.

In Nederland hebben onderzoekers van het Centraal Planbureau zich een aantal jaren geleden in het treinwezen verdiept. Juist omdat zo veel spoorbedrijven zijn geprivatiseerd, is het vaak moeilijk om precieze cijfers te krijgen over hun financiën. Daarom pasten Gertjan Driessen, Mark Lijesen and Machiel Mulder een indirecte rekenmethode toe: Data Envelopment Analysis. Daarin wordt niet gekeken naar geldstromen, maar naar de hoeveelheid materiaal en mensen die wordt ingezet bij het klaren van een klus. Ook het resultaat wordt in de vergelijking meegenomen. Dat is een stuk makkelijker van buitenaf te tellen zonder allerlei interne bedrijfsgegevens. Wat moet je als bedrijf doen om duizend mensen te vervoeren, of om dertig goederenwagons naar de andere kant van het land te krijgen? Hoeveel treinen, conducteurs en kaartjesverkopers zijn daarvoor nodig? Het blijkt allemaal iets efficiënter te gaan als er op het spoor bepaalde vormen van concurrentie zijn.

Het spoor werd bijvoorbeeld efficiënter wanneer je, zoals in Nederland, bedrijven liet intekenen op bepaalde routes. Wanneer je op één stuk spoor meerdere bedrijven liet concurreren om passagiers, was het vervoer juist minder efficiënt. Dat is ook wel te begrijpen, want in bedrijfseconomisch opzicht voldoen rails niet aan alle gewone economische wetten. Een monopolist op het spoor kan veel treinen laten rijden en zijn passagiers hoge frequenties en lage overstaptijden aanbieden. Als daar andere bedrijven tussendoor rijden, neemt dat voordeel snel af. Een eventueel efficiëntievoordeel dat concurrentie oplevert kan ook worden 'opgegeten' door het vele werk dat in die verschillende rail- en treinbedrijven moet worden verzet om alle activiteiten goed af te stemmen.

Chris Nash, hoogleraar in Leeds, heeft zich ook over het Europese spoorvervoer gebogen. In een vorig jaar verschenen onderzoek zette hij met zijn collega Andrew Smith de resultaten op een rij van eerder onderzoek naar het succes van de huidige Europese regels. Ook hij vindt dat de zaak genuanceerd ligt. Concurrentie is niet het uiteindelijke doel, zegt hij, en zelfs efficiëntie is alleen maar mooi als gebruikers daar uiteindelijk iets aan hebben. Met andere woorden: de voordelen van de nieuwe spoorregels moeten blijken uit groei van het vervoer.

De resultaten van zijn onderzoek lieten zien dat een resolute scheiding van rails en treinen weinig verschil maakt. Voor de groei van het verkeer zijn veel meer factoren belangrijk dan de vraag wie de rails bezit en wie het rollend materieel exploiteert. In sommige landen steeg het aantal treinreizigers, in andere landen helemaal niet. Alleen in landen die de scheiding heel strikt doorvoerden, zoals Nederland, groeide het passagiersverkeer vaak sneller – maar het vrachtvervoer juist weer niet.

Gezien die tegenstrijdige effecten zou Brussel zich daarom voorlopig koest moeten houden, denkt Nash. Daar woedt volgens hem namelijk een stevig debat of je de huidige richtlijn uit moet breiden om het Nederlandse systeem van volledige scheiding verplicht te stellen. 'Daarover heb ik mijn twijfels, dat zou ik nu niet onderschrijven.'

Bas den Hond

Werk en inkomen

7

'Bonussen werken verkeerd beleid in de hand'

weerlegd onwaarschijnlijk onbeslist waarschijnlijk bewezen

Bonussen in het bedrijfsleven en dan vooral bij banken hebben de afgelopen jaren veel woede opgewekt. Zowel bij Amerikaanse banken, die na de crisis van 2008 uit de brand werden geholpen, als bij Nederlandse banken, die door de staat werden overgenomen, werd het uitkeren van miljoenenbedragen aan directieleden aan banden gelegd. Toch hoeven bonussen niet per definitie slecht te zijn voor een bedrijf. Volgens Kevin Murphy van de University of Southern California en Michael Jensen van de Harvard Business School liggen aan verreweg de meeste bonussystemen vooral grote denkfouten ten grondslag. Daardoor zijn de managers, tenzij het heiligen zijn, wel bijna gedwongen met de bedrijfsbelangen een loopje te nemen. Dat bonussen hebben bijgedragen aan de crisis is volgens hun onderzoek ook lang niet zeker.

Murphy en Jensen gaan het allemaal uitleggen in hun nog te verschijnen boek *CEO Pay and What to Do About It*. Hun analyse van bonusregelingen en wat daarmee fout kan gaan, is echter al gepubliceerd. Voor een economisch artikel is het spannende lectuur. Hoe ging het in 2001 met de verkopen van Chrysler nadat de fabrikant de dealers een bonus had beloofd? Alle dealers kregen een verkoopdoelstelling. Zodra 75 procent daarvan gehaald was, bedroeg de bonus 150 dollar voor elke auto die ze daarna verkochten. Haalde de dealer de doelstelling, dan werd de bonus 200 dollar per auto. Kwam hij 10 procent boven de doelstelling, dan werd het zelfs 500 dollar per auto.

Een paar maanden deden de dealers braaf hun best. Maar in april 2001 zakten de autoverkopen in. De dealers zagen al snel dat ze die maand nooit het hoge verkoopniveau zouden halen dat hun 500 dollar per auto zou opleveren. Dus hielden ze hun klanten aan het lijntje, zodat ze de auto's pas een maand later zouden verkopen. De omzet stortte totaal in. Volgens de CEO van DaimlerChrysler was 'niet goed naar de dealers gecommuniceerd hoe het systeem werkte', maar volgens Murphy en Jensen begrepen de dealers het maar al te goed. Ze snapten ook hoe ze er zo veel mogelijk voordeel uit konden halen.

Het is niet anders: een bedrijf dat er niet op vertrouwt dat zijn medewerkers uit loyaliteit hun best doen en hen voor hun resultaten betaalt, moet ook geen loyaliteit verwachten. De medewerkers zullen beslissingen nemen die hun een zo hoog mogelijk inkomen opleveren. En dan moet de raad van commissarissen ook maar zorgen voor een regeling die de belangen van de ontvangers van de bonussen exact laat sporen met die van het bedrijf.

Dat kan, zeggen Murphy en Jensen, en ze geven in hun onderzoek een lijstje met voorschriften. Zo moet de beloning lineair zijn: beetje resultaat, beetje bonus, prima resultaat, evenredig hogere bonus, tot in het oneindige. Breng je begrenzingen aan of is het verband niet rechtlijnig, dan zullen managers investeringen vervroegen of uitstellen van het ene boekjaar naar het andere om hun bonus te maximaliseren.

Een grens is een grens, en dus is het niet alleen onverstandig om bonussen af te toppen, maar ook om te stoppen bij nul. Ook negatieve bonussen moeten mogelijk zijn, boetes dus. Net zoals je een manager beloont voor een winst die boven de normale verwachtingen ligt, moet je hem kunnen straffen voor winst die daarbij achterblijft of wanneer er zelfs verlies wordt gedraaid. Daarin hebben managers vaak geen trek, maar je kunt die boetes een beetje verstoppen door bonussen onder voorbehoud te geven: je betaalt ze bijvoorbeeld uit, maar ze staan dan eerst een paar jaar in een 'bonusbank' geparkeerd om later uitgekeerd te worden. Daar wordt dan weer wat vanaf gehaald als in een latere periode de doelstellingen niet worden gehaald.

Paradoxaal genoeg is er één sector waar al veel van de adviezen van Murphy en Jensen worden nageleefd: in het bankwezen. Toch ging het met Amerikaanse banken in 2008 verschrikkelijk fout. Was dat door of ondanks de daar geldende bonusregelingen?

Murphy en Jensen deden daar zelf ook onderzoek naar. Zij concluderen dat de bonuscultuur de crisis niet veroorzaakte. Lage rente, een overheidsbeleid dat het kopen van huizen aanmoedigde en de komst van schadelijke financiële producten op basis van hypotheken waren de echte schuldigen. Dat bevestigt dan netjes hun stelling dat bonusregelingen bij banken meestal redelijk goed zijn ontworpen.

Wat wel bijdroeg aan de zeepbel waren de bonussen voor werknemers in veel lagere regionen van de banken: hypotheekverkopers. Die werden per afgesloten hypotheek betaald en daar is niks mis mee. Maar of de geldlener die hypotheek kon aflossen maakte voor de bonus niet uit, en dat was een grote weeffout. Want alleen een hypotheek waarop rente en aflossing betaald worden is echt iets waard. Dat schond een andere regel van de bonuswetenschap: denk goed na over welke prestatie je eigenlijk wilt belonen.

Bas den Hond

8

'Vermindering van de hypotheekrenteaftrek zorgt voor een forse daling van huizenprijzen'

weerlegd onwaarschijnlijk **onbeslist** waarschijnlijk bewezen

In 2007 gingen inwoners van Mexico woedend de straat op vanwege de prijs van tortilla's. In 2008 was het de beurt aan de Egyptenaren vanwege het dure brood. En begin dit jaar gaven republikeinse politici president Barack Obama de schuld van de hoge benzineprijzen. In Nederland raakt de politiek vooral opgewonden van de hypotheekrente. Dat je die van de belastingen af mag trekken was lange tijd volstrekt normaal. Het mag al sinds in 1893 de inkomstenbelasting werd ingevoerd, en ook in andere landen was het gebruikelijk. Een woning bezitten werd vooral gezien als een investering. Je had opbrengst, in de vorm van huur of uitgespaarde huur. En kosten, waaronder de rente.

Maar inmiddels is de gedienstigheid van onze Belastingdienst voor de huizenbezitter tamelijk uniek geworden in Europa. Er ontstaat langzaamaan consensus dat Nederland er ook vanaf moet. Daar zijn veel goede redenen voor: het kost de overheid veel geld, dat vooral naar de hogere inkomens gaat. En het beïnvloedt de keuze die mensen maken tussen huren en kopen.

Het is een uitgangspunt van de economische wetenschap dat de markt minder efficiënt wordt als de overheid er op zo'n manier aan gaat trekken. Per saldo kost dat welvaart. Volgens het CPB zou het in Nederland gaan om 7,5 miljard euro per jaar. Daar staat dan hopelijk een toename in welzijn tegenover. Anders is het weggegooid geld. De overheid moet alleen ingrijpen in de markt als er een groot maatschappelijk voordeel mee wordt behaald.

Een van de daartoe genoemde argumenten is dat woningbezit positief uitwerkt op de samenleving. Het stimuleert vermogensvorming. En waar veel huizen door hun eigenaar worden bewoond, zouden de huizen en de buurt er ook beter bij staan. Maar onderzoek bevestigt dit effect nauwelijks.

De vraag is daarom niet meer 'of', maar 'hoe en wanneer' de hypotheekrente wordt afgeschaft of ingeperkt. Alleen al het grote aantal mensen dat van de aftrek profiteert, staat garant voor voorzichtigheid.

Het ligt niet voor de hand dat de aftrek hun zomaar wordt afgepakt. Als je een huis koopt en daarvoor geld leent, neem je een beslissing waarvan je tientallen jaren de gevolgen moet dragen. Niet alles kun je vastleggen, de rente en de huizenprijzen kunnen schommelen, maar dat je al die tijd de rente zou mogen aftrekken, stond tot nu toe vast. De overheid heeft beloofd dat geld lenen voor een huis altijd goedkoper zou zijn dan geld lenen voor een auto.

Schaf het daarom af voor nieuwe gevallen, en doe zelfs dat geleidelijk, lijkt dus het devies. In de afspraken die vijf partijen in het voorjaar van 2012 maakten – het Lenteakkoord – wordt voor nieuwe gevallen de aftrek een beetje beperkt: hij blijft alleen bestaan voor leningen die echt in dertig jaar worden afgelost en die niet te hoog zijn ten opzichte van de waarde van het huis. Op zo'n hypotheek betaal je tegen het einde een stuk minder rente, en heb je dus minder voordeel van de aftrek. Een echte hervorming is dat niet. Het plan 'Wonen 4.0' van een aantal organisaties op het gebied van huisvesting, waaronder de Vereniging Eigen Huis en de Nederlandse Woonbond, gaat veel verder. Bouw de aftrek in dertig jaar af en vervang steun voor mensen met weinig geld door een woontoeslag, is hun advies. Dan worden huren en kopen gelijk behandeld.

Een ander voorstel kwam begin dit jaar van 22 economen, onder wie Lans Bovenberg van de Universiteit van Tilburg. Zij stellen voor de aftrek stapje voor stapje gelijk te maken voor alle inkomens, tegen het laagste belastingtarief. Ook dat moet in dertig jaar gebeuren. Daarnaast moeten de huren stijgen, zodat de woningmarkt weer in evenwicht komt.

Wie zijn intrede op de huizenmarkt nog moet doen, weet dus eigenlijk al waar hij aan toe is: de hypotheekrente mag je aftrekken, maar daar zal in de loop van dertig jaar de klad in komen.

Wat zal het gevolg zijn voor de huizenprijzen? Je zou denken: in eerste instantie weinig. Want voorlopig blijft lenen nog goedkoop. Dan moet de vraag toch ook hetzelfde blijven?

Zeker in het dichtbevolkte en -bebouwde Nederland zijn vraag en prijs heel nauw aan elkaar gekoppeld. Dat komt doordat de Nederlandse huizenmarkt weinig elastisch is. Als er veel vraag is, stijgen de prijzen, en dat zou volgens de wetten van de economie eigenlijk een signaal moeten zijn om het aanbod te vergroten: bouwen maar! In sommige landen, zoals de VS, werkt het ook zo. De bijgebouwde huizen drukken de prijs. Daar leiden schommelingen in de vraag dus tot kleinere schommelingen in de prijs dan in Nederland. Want bij ons is het niet eenvoudig om nog een plekje te vinden om te bouwen en vervolgens duurt het ook nog behoorlijk lang voor alle vergunningen rond zijn. Omgekeerd zal dus een daling van de vraag naar koopwoningen in Nederland leiden tot een forsere prijsdaling dan in andere landen. En dat betekent dat de aandacht van economen vooral gericht is op de starter op de woningmarkt: durft die zich nog een koopwoning te permitteren – zelfs een in prijs gedaalde – als er iets aan de aftrek verandert? En even belangrijk: heeft die er vertrouwen in dat de nieuwe regels voor hem lange tijd gunstig blijven?

Wat dat betreft is het Lenteakkoord zo gek nog niet, vindt het Economisch Instituut voor de Bouw. In een rapport over de toch heel bescheiden maatregelen uit het Lenteakkoord, *Annuïtaire beperking hypotheekrenteaftrek*, betoogt het instituut dat starters in de eerste jaren van hun carrière op de markt voor koopwoningen praktisch even goed af zijn als vóór de hervorming. Ze betalen dan immers nog de maximale rente over hun nog niet afgeloste lening. Het alternatief – het compleet afschaffen van de aftrek in stapjes – maakt de positie van een starter elk jaar slechter en zal dus de vraag doen dalen.

Het effect op de vraag – en daarmee op de huizenprijs – is daarom afhankelijk van *hoe* de aftrek wordt veranderd. Of de huizenprijzen fors zullen dalen hangt dus af van de politiek. Dat was daarom ook een belangrijk onderwerp in de onderhandelingen tussen PvdA en VVD over het regeringsakkoord. Maar zelfs als de afspraken zo zijn, dat de huidige starters er de eerste jaren weinig van merken, zijn er nog donkere wolken aan de horizon: de starters van vandaag moeten toch op termijn meer gaan betalen. Daardoor is een hypotheek minder goed bereikbaar. En de starters moeten vertrouwen hebben dat het daarbij blijft.

Vooral dat laatste is lang niet zeker. De Europese Commissie toonde zich van de Nederlandse maatregelen op de hypotheekmark niet erg onder de indruk. De druk om de aftrek verder uit te kleden, zal daarom blijven.

Bas den Hond

9

'Verhoging van de pensioenleeftijd verbetert de economische positie van jongeren'

weerlegd onwaarschijnlijk **onbeslist** waarschijnlijk bewezen

66 Nederland vergrijst. We worden ouder en hebben langer recht op pensioen. De kosten voor AOW en pensioen komen op het bordje van de krimpende beroepsbevolking terecht. Op dit moment verdienen vier werkenden het geld voor één gepensioneerde. Dat zal in 2050 naar verwachting gehalveerd zijn: twee gepensioneerden op één werkende jongere. De babyboomgeneratie is namelijk een stuk groter dan die van hun kinderen en kleinkinderen.

Om die verschuiving op te kunnen vangen, werd in juli 2012 in Nederland de ingangsleeftijd van de AOW verhoogd van 65 naar 67 jaar. Doordat ouderen twee jaar langer werken, zullen ze twee jaar langer premies betalen. Jongeren houden daardoor meer van hun salaris over. Deze maatregel sluit aan bij de trend dat ouderen steeds langer doorwerken. Werkte in 2003 nog 43 procent van de 55- tot 64-jarigen in Nederland, in 2010 was dit percentage al 54 procent, aldus cijfers van de OECD.

Fysiek gezien is langer werken geen groot probleem meer, omdat we steeds minder werken in banen die het lichaam zwaar belasten. Daarnaast blijven we sinds de jaren negentig steeds langer gezond, zo laten onderzoeken zien. Elk decennium stijgt de levensverwachting in het Westen met 2,5 jaar. Was de levensverwachting in Nederland in 2003 nog 78,5 jaar, in 2010 was die 80,6 jaar volgens het OECD. Door die stijgende levensverwachting blijft er statistisch gezien genoeg tijd over om van het pensioen genieten, ook bij een hogere pensioenleeftijd.

Hoewel we pas met 65 jaar met pensioen kunnen, is de gemiddelde leeftijd waarop Nederlanders stoppen met werken op dit moment 62 jaar. Zullen mensen inderdaad langer werken als de wettelijke pensioenleeftijd stijgt? Volgens een recente studie in Estland blijkt dit inderdaad het geval te zijn, vooral voor hogere posities. Ouderen hebben daar door hun ervaring en hun uitgebreide netwerk een voordeel. Bij fysiek werk heeft een verhoging van de pensioenleeftijd geen invloed op het moment waarop iemand stopt met werken. Daarom is in Nederland besloten om bij zwaar lichamelijk werk soepel om te gaan met de verhoging van de AOW-leeftijd.

In de beroepen waar ouderen wel doorwerken, heeft dat direct gevolgen voor jongeren. Door de verhoging van de pensioenleeftijd neemt de concurrentie op de banenmarkt toe en maken jongeren minder kans op werk. Jongeren hebben toch al een slechtere uitgangspositie dan de rest van de bevolking. Volgens een rapport van de Internationale Arbeidsorganisatie (ILO) uit 2012 is de kans dat jongeren werkloos worden drie keer groter dan voor de rest van de bevolking. In Nederland zijn de verschillen iets minder groot: volgens cijfers van het CBS was in juni 2012 12,2 procent van de jongeren werkloos tegen een gemiddelde van 6,3 procent voor de gehele beroepsbevolking. Als daar niet tegen wordt opgetreden, zal de wereldgemeenschap 'met de dreigende erfenis van een verloren generatie' worden geconfronteerd, aldus de ILO.

Die verschillen zullen alleen maar toenemen als de pensioenleeftijd wordt verhoogd. Dit blijkt uit onderzoek van het Duitse Forschungsinstitut zur Zukunft der Arbeit dat de effecten onderzocht van de verhoging van de pensioenleeftijd voor Portugese vrouwen in de jaren negentig. Oudere vrouwen bleven inderdaad langer werken, maar bedrijven gingen minder mensen aannemen. Daardoor daalden de kansen van jonge vrouwen. Ouderen kunnen bovendien vaak moeilijker ontslagen worden dan jongeren als het slecht gaat met een bedrijf. Hoe meer ouderen een bedrijf in dienst heeft, hoe groter daarom de kans is dat jongeren de dupe worden van een crisis. In Groot-Brittannië, waar de vergrijzing eerder inzette dan in Nederland, raakten tussen 2008 en 2012 zo'n 600.000 jongeren hun baan kwijt. Ondertussen bleven ouderen stevig op hun plaats zitten. Sterker nog, in dezelfde tijd nam in Engeland het aantal werkende 65-plussers met 240.000 toe.

Hoewel jongeren minder premies hoeven af te dragen voor ouderen als de pensioenleeftijd omhoog gaat, hebben ze dus tegelijkertijd minder kans op werk. Dat betekent ook dat ze minder pensioen opbouwen. In Nederland is het pensioen namelijk gerelateerd aan het verdiende inkomen. Als die jongeren straks oud zijn, hebben zij daardoor zelf dus een lager pensioen.

Hoe de balans uiteindelijk zal uitvallen, hangt af van hoe de economie zich zal ontwikkelen. De verhoging wordt namelijk maar heel geleidelijk ingevoerd. Pas in 2023 zal de AOW-leeftijd daadwerkelijk 67 zijn. In het beste geval is de economie dan weer op peil en is de werkloosheid laag, waardoor jongeren gemakkelijk banen kunnen vinden en

ouderen volop meehelpen aan het betalen van de pensioen-
premies. Maar economische ontwikkelingen zo lang van
tevoren voorspellen is niet echt mogelijk. Of de verhoging
van de pensioenleeftijd jongeren zal helpen of niet, is daarom ongewis.

Thijs Menting

10

'Soepeler ontslagrecht vermindert de werkloosheid'

weerlegd onwaarschijnlijk onbexslist waarschijnlijk bewezen

70 Voor je als werkgever in Nederland iemand kunt ontslaan, moet er het nodige gebeuren. Naar keuze moet je voor toestemming naar de overheidsinstantie UWV Werkbedrijf of naar de kantonrechter. In de meeste gevallen gaat het immers niet om iemand die een tijdelijk contract met je afsloot, de AOW-gerechtigde leeftijd heeft bereikt of een onbevoegde greep in kas of kruis gedaan heeft. Voor een werknemer die je in dienst hebt genomen voor onbepaalde tijd en die altijd redelijk zijn best gedaan heeft, is er ontslagbescherming.

Als je die afschaft of versoepelt, worden er vast meteen een aantal mensen ontslagen die wat hun baas betreft over hun houdbaarheidsdatum heen zijn of die hij te duur vindt voor het werk dat ze doen. De werkloosheid zal dus stijgen.

Of nee, de werkloosheid kan ook dalen. Duizenden bedrijven die best een handje extra zouden kunnen gebruiken, durven nu misschien ineens mensen in dienst te nemen – ofwel omdat ze die volgens de nieuwe regels gemakkelijk weer kunnen ontslaan, ofwel omdat de regels rond tijdelijke contracten minder beperkend zijn geworden.

En dat zijn dan nog maar de twee eenvoudigste redene-
ringen. Waar het ingewikkelder wordt, zijn dingen zoals
de invloed van ontslagbescherming op het moreel binnen
een bedrijf, op de duur van het dienstverband en op het op-
leidingsniveau, en daarmee op de productiviteit. Dat heeft
gevolgen voor het bedrijf zelf, maar ook voor de economie
als geheel en dus ook weer op de werkgelegenheid.

Dus, welke kant gaat het nu op als je het ontslagrecht
gaat veranderen? 'In de economische literatuur, zowel de
theoretische als de empirische, bestaat grote onenigheid
over dit effect', aldus Marloes de Graaf, onderzoekster aan
het Amsterdams Instituut voor Arbeidsstudies (UvA) in
het elektronische vakblad *TPEdigitaal*. 'Dit geldt zowel voor 71
de invloed van algemene versoepeling als van tijdelijke contracten. Het is slecht voor te stellen dat een dergelijke onenigheid zou bestaan als het effect in werkelijkheid groot is.
Dus als er al een effect is, dan is het waarschijnlijk klein.'

Die theoretische en empirische studies werden onder
andere op een rijtje gezet door Anja Deelen, Egbert Jongen,
Ruud de Mooij en Sabine Visser, allen verbonden aan het
Centraal Planbureau, in dezelfde aflevering van *TPEdigitaal*. Volgens hen heeft ontslagbescherming als idee zowel
goede als slechte kanten.

Gunstig voor de werknemers is dat het hen letterlijk be-
schermt in de omgang met een veel sterkere contractpartij.
Daarnaast verzacht de 'oprotpremie' die vaak deel uitmaakt
van de ontslagbescherming de pijn van het inkomensver-
lies. Voor een werkgever voelt die ontslagvergoeding ook
als een belasting op ontslag, en dat is vanuit de samenleving gezien terecht: die heeft er immers last van wanneer
een werknemer een uitkering nodig heeft en door het in-
komensverlies minder belasting betaalt.

Een theoretisch nadeel is dat ontslagbescherming de arbeidsmarkt stroperiger maakt: minder mensen wisselen van baan, en dus blijven meer mensen ergens werken waar ze niet op hun productiefst zijn.

Met empirische studies zou je willen uitvinden welke factoren de overhand hebben. Maar dat is nog niet zo eenvoudig. Je hebt vergelijkingsmateriaal nodig, dus moet je naar verschillende landen kijken. De club van rijke landen, de OESO, heeft een puntensysteem gemaakt waarin alle vormen van ontslagbescherming samengenomen worden om tot een algemene maat te komen. Je moet maar hopen dat ze precies de goede weegfactoren hebben gekozen.

Als je daarmee de Europese landen en de VS vergelijkt, blijkt Nederland een middenmoter te zijn. In de VS kunnen werkgevers veel gemakkelijker van hun werknemers af dan bij ons, in Frankrijk en Portugal juist moeilijker. Leg je dat naast de werkloosheidscijfers, dan blijkt er maar een heel zwakke relatie te zijn met ontslagbescherming. Deelen en collega's schatten dat wanneer Nederland bij precies 5,0 procent werkloosheid het veelgeroemde voorbeeld van Denemarken zou volgen (geringe ontslagbescherming, gecombineerd met goede uitkeringen), het resultaat 'maar' 4,86 procent werkloosheid zou zijn.

Als er al effect van uitgaat, dan is dat dus zo klein dat het in de praktijk in de statistische ruis verdwijnt. Versoepeling van het onslagrecht heeft dus (vrijwel) geen effect op de werkloosheid. De stelling is daarmee weerlegd.

Dat geldt ook voor andere veronderstelde voordelen voor de economie, zoals meer armslag voor werkgevers en meer beweging op de arbeidsmarkt. Servaas Storm en Ro Naastepad, twee docenten economie aan de Technische Universiteit Delft, concluderen bijvoorbeeld in een artikel in het

vakblad *Economisch Statistische Berichten* dat de arbeidspro-
ductiviteit sneller groeit als bedrijven moeilijker van hun
werknemers af kunnen komen.

Dat zou je niet direct verwachten: in zulke bedrijven
zullen mensen toch wel meer tijd durven te besteden
aan het uitwisselen van vakantiebelevenissen bij de koffie-
automaat? Ja, maar bij die bedrijven zijn werknemers ook
meer bereid mee te denken over hoe het werk beter en efficiënter gedaan kan worden, omdat ze niet bang zijn zichzelf daarmee overbodig te maken. En hun werkgevers zijn
meer bereid te investeren in werknemers, en in gereedschappen waarmee die hun werk zo goed mogelijk kunnen
doen.

Storm en Naastepad schreven hun artikel in reactie op
een OESO-onderzoek dat concludeerde dat de arbeidspro-
ductiviteit juist minder groeide als de ontslagbescherming
goed was. Hun artikel is dus ook een perfecte illustratie
van de hartenkreet die Myrthe Frenk en Gerard Pfann van
de Universiteit Maastricht in hun artikel 'Is het Nederlandse ontslagstelsel nu echt aan verandering toe?' uitten: 'Het
overzicht ... maakt duidelijk hoe verward men zou raken als
alle gepubliceerde resultaten over het effect van ontslagbescherming voor waar aangenomen zouden worden.'

Bas den Hond

Zorg en samenleving

11

'Marktwerking maakt de gezondheidszorg goedkoper'

weerlegd onwaarschijnlijk onbeslist waarschijnlijk bewezen

Eind juli kregen patiënten met de ziekte van Pompe en de ziekte van Fabry de schrik van hun leven: in een uitgelekt advies van het College voor Zorgverzekeringen stond dat de medicijnen tegen deze ernstige ziekten niet meer vergoed zouden moeten worden: veel te duur. De moeder van een kind met Pompe zei in *Trouw*: 'Hoe kun je ethisch vaststellen waar je de grens legt: wat vergoeden we nog wel en wat niet? Het college maakt een afweging op financiële gronden en daar heb ik ontzettend veel moeite mee.'

In een markt is het heel gewoon dat kopers afhaken als het product naar hun zin te duur is. Voor de verkoper zit er niets anders op dan het goedkoper te maken – als dat mogelijk is natuurlijk. Zo vindt koopwaar zijn prijs. En volgens de standaardredenering in de economie valt een prijs die via het marktmechanisme tot stand is gekomen niet te verbeteren. Ga je daaraan morrelen, dan gaan koper en verkoper zich anders gedragen en liggen schaarste of verspilling op de loer.

Welnu, de Nederlandse gezondheidszorg kent zowel schaarste als verspilling, de kosten lopen gestaag op. En het is een van de meest gereguleerde sectoren die er zijn. Geen wonder dat telkens de principiële keuze wordt bepleit: laat nou de markt zijn werk doen.

Het marktdenken heeft de laatste jaren natuurlijk wel wat schrammen opgelopen. De kredietcrisis van 2008 kwam er immers op neer dat vooral in de Verenigde Staten huizen niet zo veel waard waren als iedereen jarenlang dacht. Beleggingsproducten op basis van hypotheken verdienden ook bepaald niet de onverwoestbare AAA-status die hun door experts was toegedicht. De economen die rotsvast geloofden in de 'efficiënte-markthypothese' hadden wel wat uit te leggen. Maar ondertussen werden overal ter wereld nog steeds prijzen overeengekomen, op aandelenbeurzen en bij groenteboeren. De markt is niet afgeschaft. Over de alsmaar stijgende prijzen van bloemkool worden geen dikke rapporten geschreven. Over de alsmaar duurder wordende gezondheidszorg wel.

Maar kan de zorg een vrije markt worden? Moeilijk hoor, zei Erik Schut, hoogleraar gezondheidseconomie aan de Erasmus Universiteit Rotterdam, al in 2003 in zijn oratie. En de ervaringen in 2012 met het loslaten van de tandartstarieven voeden die twijfel. Mensen met kiespijn konden de tarieven vergelijken voor ze lieten boren, maar die prijzen gingen gemiddeld omhoog, klaagde de Consumentenbond. Welnee, zeiden de tandartsen, we omschrijven die tarieven nu anders, gedetailleerder, als je goed kijkt zie je dat ze gelijk zijn gebleven.

Internationaal zijn er tussen de rijke landen grote verschillen in de inrichting van het zorgstelsel. Opvallend is daarbij dat in de VS, waar overheidsingrijpen minder vanzelfsprekend is dan in Europa, de zorgkosten veel hoger zijn, zonder dat daar betere resultaten tegenover staan. Zo werd er in Nederland en Duitsland volgens een vergelijking van het Commonwealth Fund ongeveer 2750 euro per inwoner uitgegeven aan zorg, de helft van het Amerikaanse bedrag. Bij ons stroomt het overgrote deel van dat geld via de verplichte zorgverzekering, wat het Commonwealth Fund tot 'publieke fondsen' rekent. Het bedrag per Amerikaan uit publieke fondsen is ongeveer even groot (het gaat dan vooral om Medicare en Medicaid, ziekenfondsen voor ouderen en armen) maar verzekerden en onverzekerden moeten gemiddeld nog eens dat bedrag ophoesten uit eigen zak.

Duidelijk meer marktwerking dus, maar de gezondheidszorg is er in de VS niet goedkoper van geworden, en de uitkomsten zijn ook niet beter. Een in 2006 geboren Nederlandse jongen mag verwachten 2,5 jaar langer te leven dan een Amerikaan, een meisje 1,5 jaar. Die levensverwachting is in vergelijking met 1986 in Nederland 4,5 jaar gestegen voor jongens en 2,3 jaar voor meisjes. In de VS was de winst 4,1 en 4,2. En dat voor tweemaal zo veel geld.

Zelfs de grondlegger van de economie Adam Smith twijfelde al aan de mogelijkheid van marktwerking in de gezondheidszorg, vertelde Schut tijdens zijn oratie. Want dat zou betekenen dat iedereen maar dokter kon worden, en dat de concurrentie de prijzen omlaag zou drukken. Er zouden dan steeds meer artsen komen die niet de grondige en dus dure opleiding hadden gehad die nodig is. En patiënten zouden de dupe zijn.

In 1963 gebruikte een andere beroemde econoom, Nobelprijswinnaar Kenneth Arrow, een theoretisch argument om hetzelfde standpunt te ondersteunen. Om een goede markt te hebben, moeten kopers en verkopers beschikken over alle relevante informatie. De kwaliteit van het product, het aanbod, de alternatieven. Maar een patiënt die naar de dokter gaat, heeft juist te weinig informatie. Hij wil weten wat hem mankeert, en of daar iets aan te doen is.

En stel dat de patiënt iets ergs mankeert, mag de arts dan een fortuin vragen voor genezing? Natuurlijk niet, ethiek en solidariteit maken met dat soort artsenij korte metten. Volgens David Cutler, econoom aan de Harvard University, is dat inzicht de eerste fase in de ontwikkeling van het zorgstelsel van een welvarend land. Iedereen moet naar een dokter kunnen, en dat kun je goed regelen met een nationaal ziekenfonds of verzekeringen. De tweede fase is dat de overheid met allerlei regels de kosten probeert te drukken. En de derde, waarin Nederland nu ook terecht aan het komen is, dat datzelfde wordt geprobeerd met marktmechanismen. Zoals het prijspeil een prikkel is die koper en verkoper stuurt, zo kun je bij wet allerlei prikkels in het systeem aanbrengen om te zorgen dat elke miljoen euro die we met zijn allen opbrengen zo efficiënt mogelijk wordt besteed. 'Gereguleerde concurrentie' noemde Erik Schut dat.

Sinds hij zijn oratie uitsprak is er veel veranderd in het Nederlandse zorgstelsel. Ziekenfondsen zijn verdwenen, in 2006 trad de Zorgverzekeringswet in werking. De ziektekostenverzekeraars hebben daarin een belangrijke rol bij het beperkt houden van de kosten. Dat kunnen ze doen door contracten te sluiten met artsen en ziekenhuizen en daarbij ook te letten op de resultaten die daar geboekt worden. Is dat marktwerking?

Er valt in ieder geval nog veel te winnen, vertelden experts aan de Sociaal-Economische Raad (SER), die in 2013 met een advies komt over de toekomst van de zorg. Eenstemmig oordeelden ziekenhuisbestuurders en hoogleraren gezondheidsmanagement en verplegingswetenschappen dat er 'perverse prikkels' zijn, die het verhogen van het aantal verrichtingen belonen in plaats van het boeken van een zo goed mogelijk gezondheidsresultaat. 'Artsen hebben vaak de neiging om alles wat mogelijk is uit de kast te halen', schrijft de SER in een samenvatting van de bijeenkomst. 'Dat komt aan de ene kant doordat in de opleidingen sterk het accent ligt op ziektebestrijding, en aan de andere kant doordat mondige patiënten dankzij *googleritis* steeds vaker extra diagnostiek en verwijzingen afdwingen.'

Artsen en ziekenhuizen moeten dus niet betaald worden om aan een patiënt te sleutelen, maar om hem beter te maken. Of niet natuurlijk. Want 'resultaatfinanciering' betekent ook: geen geld uitgeven aan een patiënt die toch niet meer te redden is, of alleen voor een paar maanden tegen hoge kosten.

Het zal nog niet meevallen de waarde van die paar maanden in geld uit te drukken, of die van het hele leven van een kind met de ziekte van Pompe. Zolang dat niet mogelijk is, blijft het bezwaar van Arrow gelden: dat een markt niet kan bestaan als klant en leverancier over de relevante informatie in het duister tasten. De stelling is dus onwaarschijnlijk. Noem het voorlopig maar sturing. En of die de prijzen omlaag kan krijgen, dat moet nog maar blijken.

Bas den Hond

12

'Gemengde scholen en crèches bevorderen integratie'

weerlegd onwaarschijnlijk onbeslist **waarschijnlijk** bewezen

82   Overal ter wereld neemt de verscheidenheid van de bevolking toe. Het lijkt daarom zinvol om leerlingen uit verschillende milieus al op jonge leeftijd bij elkaar in een klas te zetten. Op die manier zullen ze sneller met elkaar in contact komen en kan de onderlinge acceptatie groeien. Daarnaast voorkomt het de stigmatisering van allochtone kinderen. Dit was althans de redenering achter het verbieden van aparte zwarte en witte scholen door het Amerikaanse Hooggerechtshof in 1954.

Die uitspraak was onder meer gebaseerd op onderzoek dat laat zien dat gescheiden scholen een negatieve invloed hebben op academische prestaties en het zelfbeeld van zwarte leerlingen. Segregatie werd in strijd met de grondwet verklaard en sindsdien voert de VS een actief beleid om gemengde scholen te bevorderen. Ook in Nederland was de zogenaamde desegregatie tussen 2004 en 2008 officieel onderwijsbeleid. Daarvoor was het beleid voornamelijk gericht op het bevorderen van schoolprestaties.

Het was onder sociologen een tijdje uit de mode om naar de etnische achtergrond van leerlingen te kijken, maar recente Nederlandse en Vlaamse onderzoeken doen dat wel weer. Het debat werd in 2010 aangewakkerd door Jaap Dronkers, hoogleraar internationaal vergelijkend onderzoek van onderwijsprestaties en sociale ongelijkheid aan de Universiteit Maastricht. Hij concludeerde dat gemengde scholen niet per definitie tot betere schoolprestaties leiden. Het gaat namelijk niet om het aantal allochtonen, maar om het aantal verschillende nationaliteiten in een klas. Is dat te veel versnipperd, dan gaat het slecht op school. Het blijkt dat immigrantenleerlingen het juist beter doen als ze op een school zitten met veel leerlingen uit dezelfde herkomstregio. De 'mantra van de mix', zoals Dronkers het pleidooi voor etnische diversiteit op scholen noemt, wordt door zijn onderzoek genuanceerd.

Maar schoolprestaties zeggen nog niets over de mate van integratie. Een van de eerste studies waarin de invloed van diversiteit op de integratie werd onderzocht, werd in 2011 uitgevoerd door Orhan Agirdag op scholen in Vlaanderen. Zijn conclusie is dat gemengde scholen ervoor zorgen dat allochtone en autochtone leerlingen dichter bij elkaar worden gebracht. Omdat de school een belangrijke sociale factor is, worden op gemengde scholen meer interetnische vriendschappen gesloten. Zulke vriendschappen zorgen ervoor dat de allochtonen zich eerder een Vlaming voelen en de identificatie van Vlamingen met autochtonen juist vermindert. Zodoende groeien de sociale identiteiten van beide groepen naar elkaar toe. Dat is integratie: het ontwikkelen van een gedeelde identiteit. Tegelijkertijd wijst Agirdag erop dat een hogere concentratie allochtonen op een school autochtonen juist sterkt in hun Vlaamse identiteit. Alleen als er interetnische vriendschappen worden gesloten kan de integratie bevorderd worden.

Een kritischer geluid komt uit Londen, waar de sociaal-geograaf Jan Germen Janmaat statistieken uit verschillende Noord-Europese landen analyseerde. Hij concludeert dat de diversiteit van een klas een positieve werking heeft op de tolerantie van leerlingen. Er is alleen een omslagpunt in deze positieve werking op tolerantie: zodra allochtonen beter presteren dan autochtone klasgenoten, gaat het mis. Op dat moment daalt de verdraagzaamheid en stijgen de etnische spanningen. Belgische onderzoekers menen dat de aandacht voor etnische diversiteit op scholen bij voorbaat een verkeerde benadering is: de sociaal-economische samenstelling van een school is veel belangrijker voor het succes van integratie dan de etnische diversiteit. Ook die factor moet bij het onderwijsbeleid worden meegewogen.

De Amerikaanse politicoloog Robert Putnam beschrijft in zijn beroemde studie *Diversity and Community in the Twenty-first Century* dat er een soort 'schildpaddeneffect' optreedt als bewoners in een wijk met een etnisch diverse populatie terechtkomen: mensen trekken zich terug, vertrouwen elkaar minder en ondernemen minder met elkaar. Dit zou ook voor gemengde scholen kunnen gelden. Maar, zo betoogt hij, het schildpadeffect verdwijnt na een tijdje. Op de lange termijn ontwikkelen geslaagde multiculturele samenlevingen 'nieuwe vormen van sociale solidariteit en dalen de negatieve effecten van diversiteit door het creëren van nieuwe, meer omvattende identiteiten'.

De gemengde school lijkt dus inderdaad een middel om de integratie te bevorderen – maar het mag niet te veel een etnische hutspot worden. Er spelen meer factoren een rol dan alleen diversiteit.

Thijs Menting

13
'Verkleinen van klassen verbetert leerprestaties'

weerlegd onwaarschijnlijk onbeslist waarschijnlijk bewezen

De kleinste klas bestaat uit één leraar en één enkel kind. 85
Tot het begin van de twintigste eeuw was zo'n kleine klas in adellijke en rijke families geen uitzondering. Het kind kreeg een opleiding op maat. Maar sinds 1969 zijn zulke privileges niet meer toegestaan. Kinderen moeten samen in een klas zitten. Maar hoe groot moet die klas zijn? Sinds midden jaren negentig streeft het onderwijsministerie naar een verkleining van de klassen in het basisonderwijs. Ze willen daarmee individuele leerprestaties verbeteren. Maar uit onderzoek is al jaren bekend dat klassengrootte niet de enige en ook niet de belangrijkste factor is om de leerprestaties op te krikken. Het effect van kleinere klassen op leerprestaties is in veel gevallen zelfs negatief.

Sinds het CPB in 2011 een controversieel rapport over de klassengrootte opstelde, dringt dat geluid ook tot de politiek door. Maar ondanks de conclusies van het CPB pleiten bijna alle partijen – behalve D66 – voor kleinschalig onderwijs. In dat CPB-rapport wordt het positieve effect van klassenverkleining op de prestaties van de leerlingen tegen de heersende opvatting 'niet vanzelfsprekend' genoemd. Want: 'Klassenverkleining vereist veel middelen en leidt slechts tot een geringe verbetering van de onderwijsprestaties.' Het rapport geeft een uitgebreid overzicht van onderzoek dat naar deze kwestie is gedaan. Het blijkt dat klassenverkleining een minimaal effect heeft. Als je klassen één leerling kleiner maakt, is de verbetering van de gemiddelde leerprestaties nauwelijks te meten, zo vatten de onderzoekers de consensus samen. En dat terwijl het verkleinen van een klas met maar één enkele leerling landelijk gezien zo'n 490 miljoen euro per jaar kost.

De onderzoekers wijzen erop dat er al veel wordt uitgegeven aan klassenverkleining. Een groot deel van het geld voor achterstandsleerlingen wordt namelijk daaraan besteed. Volgens cijfers van het OECD is de gemiddelde klassengrootte in het Nederlandse basisonderwijs daardoor afgenomen van 23,9 in 2000 naar 22,4 in 2009. Dat alles dus zonder waarneembaar resultaat. Als alternatief pleit het CPB voor verbetering van de opleiding van docenten.

Ook eerder Nederlands onderzoek door het Gronings Instituut voor Onderzoek van Onderwijs (GION), dat tussen 2002 en 2005 onafhankelijk van het CBP werd uitgevoerd, leidde tot dezelfde conclusie: kleinere klassen hebben vrijwel geen positief effect op de kwaliteit van de cognitieve en sociaal-emotionele ontwikkeling van kinderen in groep één tot en met vier. Daarvoor onderzocht het GION 220 basisscholen in het hele land.

Sterker nog, vaak hebben kleinere klassen zelfs een remmende werking op de ontwikkeling van de kinderen, zo blijkt uit eerder onderzoek. Door de kleinere groepen verandert namelijk de vorm van het onderwijs: de wederzijdse mondelinge communicatie tussen leerkracht en leerlingen wordt veel belangrijker zodat het werk van de leerling intensiever wordt besproken. Bepaalde leerlingen eisen in zulke situaties de aandacht op. Maar daardoor is de inhoud niet altijd even passend: het lesmateriaal wordt vaak meer op de individuele leerling of op kleine groepjes leerlingen toegesneden, waardoor aan de individuele taken van de leerling minder objectieve kwaliteitseisen gesteld worden. En wat ook nadelig is: leerlingen in kleine klassen zijn afhankelijker van de leerkracht en trekken zich daardoor minder aan elkaar op. Zodoende zijn ze volgens onderzoekers passiever, hebben minder verantwoordelijkheid en leren minder van zichzelf en van elkaar.

Dat blijkt ook uit het onderzoek van het GION. Zo doen zwakkere leerlingen in groep twee het in een kleine klas met veel begeleiding gek genoeg veel slechter dan in een grote klas met weinig begeleiding. Precies het tegenovergestelde dus van wat je zou verwachten. Met minder begeleiding blijken ze minder op de leraar te zijn aangewezen en moeten ze hun opgaven zelf of met hun klasgenoten oplossen. Maar dat geldt niet in alle situaties, zo ontdekte het GION. Als leerlingen in groep drie leren lezen en rekenen is de situatie namelijk precies andersom: daar hebben kleine klassen en intensieve begeleiding juist een positief effect op de leerprestaties van de hele klas. Vanaf groep vier is het effect weer helemaal verdwenen. Hoe groot of klein de klas ook is, hoeveel extra hulp er ook wordt ingezet, het maakt voor het resultaat allemaal niet uit. Zijn kinderen eenmaal een jaar of zeven, dan beginnen andere factoren een rol te spelen: de kwaliteit van de leraren, leermethodes en de interactie tussen de leerlingen.

Thijs Menting

14

'Voorlichting op scholen bevordert de acceptatie van homoseksualiteit'

weerlegd onwaarschijnlijk onbeslist **waarschijnlijk** bewezen

88   Nergens is de acceptatie van homoseksualiteit hoger dan in Nederland. Negentig procent van de Nederlanders vindt dat homo's en lesbiennes hun leven naar eigen wens moeten kunnen inrichten, aldus het rapport *Acceptatie van homoseksualiteit in Nederland 2011* van het Sociaal en Cultureel Planbureau (SCP). Ter vergelijking: hekkensluiter in het onderzoek is Rusland, waar de acceptatie bij dertig procent ligt. Nederland was ook het eerste land waar het homohuwelijk werd toegestaan en een monument werd opgericht voor slachtoffers van vervolging vanwege seksuele geaardheid.

Maar nog niet elke Nederlander is overtuigd van het belang van gelijke rechten voor seksuele minderheden. Naast streng gelovigen, bepaalde allochtone groepen en 65-plussers hebben ook veel jongeren moeite met homoseksualiteit. Het SCP-onderzoek laat bijvoorbeeld zien dat maar zes van de tien scholieren homo's en lesbiennes in de vriendengroep accepteert. Om de acceptatie van homoseksualiteit ook in de toekomst op peil te houden, heeft onderwijsminister Van Bijsterveldt (CDA) onder druk van de

Kamer besloten dat leerlingen over homoseksualiteit moeten worden voorgelicht. Dat betekent dat er ook op islamitische en christelijke scholen aandacht aan zal worden besteed. VVD, PvdA en D66 hebben dat beleid in hun verkiezingsprogramma's overgenomen. Waarom is dat in het tolerante Nederland zo hard nodig? Het aantal homogerelateerde delicten in Amsterdam stijgt. In dusdanig tempo dat Amsterdam in de afgelopen jaren zijn status als *gay capital* kwijt is geraakt. Statistieken van het homonetwerk 'Roze in Blauw' van de Politie Amsterdam-Amstelland laten zien dat er in 2007 totaal 251 geregistreerde incidenten waren. In 2010 verdubbelde dat aantal bijna naar 487 incidenten, variërend van spugen tot fysiek geweld (bijna veertig procent). De onderzoekers laten zien dat het geweld niet religieus is geïnspireerd. Daarnaast is het geweld meestal niet voorbereid, maar komt het voornamelijk voort uit een samenloop van omstandigheden. Opvallend is dat de daders in het merendeel van de gevallen jongens tussen 20 en 25 jaar oud zijn en dat het geweld bijna altijd tegen mannen wordt gericht. In de masculiene straatcultuur van jongeren is de tolerantie voor homoseksualiteit laag. Het merendeel van de delicten wordt door autochtone (bijna veertig procent) en Marokkaanse (bijna dertig procent) jongeren gepleegd.

Tegelijk blijkt uit het onderzoek onder de daders dat ze over homoseksualiteit desgevraagd dezelfde meningen hebben als die negentig procent tolerante burgers van Nederland. Hoe kan dat? De Amsterdamse socioloog Laurens Buijs heeft hiervoor in 2008 met een aantal collega's een verklaring gezocht in een onderzoek naar antihomoseksueel geweld in Amsterdam, *Als ze maar van me afblijven*. Potenrammers keuren homoseksualiteit inderdaad niet principieel af, maar storen zich eraan als die in het openbaar wordt getoond. Het lontje ontvlamt als ze indruk hebben dat ze worden versierd.

Ze hanteren dus de retoriek van tolerantie, maar zodra ze met homoseksualiteit worden geconfronteerd, komt er een homofoob reactiepatroon los. Kennelijk vinden ze dat homo's wel mogen bestaan maar het niet mogen uiten in hun buurt.

Ook onder jongeren op school lijkt het klimaat voor homoseksualiteit slecht. Zo vindt volgens het SCP-onderzoek dertig procent van de leerlingen dat het beter is om op school niet voor je homoseksualiteit uit te komen. Het is nog deels een taboe en juist op die leeftijd zijn kinderen gevoelig voor uitsluiting en pestgedrag. Dat is extra lastig omdat scholieren op die leeftijd vaak hun geaardheid ontdekken. Het komt het zelfbeeld niet ten goede. Uit onderzoek blijkt inderdaad dat depressiviteit, zelfmoordgedachten en zelfmoord vaker voorkomen onder homoseksuele jongeren.

Over discriminatie van homoseksuele leerlingen op middelbare scholen zijn geen cijfers bekend, wel over reacties op de seksuele geaardheid in het vervolgonderwijs. Die cijfers komen niet overeen met de vermoede intolerantie van scholieren. Volgens een recente SCP-studie blijkt intolerant gedrag mee te vallen, terwijl het merendeel van de studenten hun geaardheid niet verzwijgt. Alleen op het mbo heeft meer dan een op de tien homoseksuele studenten met scheldgedrag en uitsluiting te maken.

In de praktijk blijkt intolerant gedrag tegenover homoseksuele studenten op het vervolgonderwijs dus mee te vallen. Ook blijkt dat het oprichten van zogenaamde heterohomo-allianties bijdraagt aan het welbevinden van homo-seksuele jongeren op middelbare scholen. Pestgedrag, depressie en zelfmoord nemen daardoor af. Leerprestaties stijgen. Dit is weliswaar onderzoek uit Amerika, waar de situatie niet met de Nederlandse is te vergelijken, maar het spreekt toch voor uitbereiding van dit beleid. Deze allianties zijn ook op Nederlandse scholen actief.

Uit ander onderzoek blijkt dat zeventig procent van de leerlingen op het middelbaar onderwijs graag voorlichting over homoseksualiteit wil. Daarnaast denken zes op de tien jongeren dat de acceptatie groeit als erover kan worden gepraat. Voorlichting werkt dus. Dat neemt niet weg dat voor sommige jongeren zogenaamde tolerantie en geweld elkaar niet uitsluiten. Daarop heeft voorlichting geen antwoord.

Thijs Menting

15

'Sport zorgt voor meer onderling contact en begrip'

weerlegd **onwaarschijnlijk** onbeslist waarschijnlijk bewezen

92 'Sport bevordert niet alleen de gezondheid, maar ook sociale contacten', verklaart de VVD. 'Sport verbroedert', aldus de PvdA. 'Sport leert ons om respectvol met elkaar om te gaan', zo schrijft de ChristenUnie in haar partijprogramma. Maar zorgt sport alleen voor verbroedering op het veld of ook in de samenleving?

In 2007 kreeg de Duitse voetbalclub Türkiyemspor de eerste integratieprijs van de Duitse voetbalbond uitgereikt. De club geldt als het schoolvoorbeeld van geslaagde integratie door sport. Gevestigd in Kreuzberg, een etnisch en sociaal diverse wijk in Berlijn, is het de vereniging gelukt om kinderen van Turkse immigranten aan zich te binden, van de straat te houden en een positief rolmodel aan te bieden. De Turkse jongetjes komen er bij veel andere verenigingen in de stad niet eens in, maar hier kunnen ze op erkenning rekenen. Op het veld en in het clubhuis kunnen ze samen aan hun vereniging werken, aldus de Duitse voetbalbond. Zo leren ze wat samenwerking is.

Recent onderzoek van het Sociaal en Cultureel Planbureau bevestigt dat de samenleving profijt kan hebben van sport: zeker onder Nederlanders met een Turkse of Marokkaanse achtergrond is sport belangrijk voor hun identificatie met Nederland en het contact met autochtonen. Maar of sport inderdaad een bindende factor is, betwijfelen wetenschappers sterk. Dat bleek op een recente conferentie van het Oostenrijkse ministerie van Sport. Het hangt maar net van de organisatie van de sportclub af, zo blijkt. Het werkt alleen positief als je er taalvaardigheid kunt ontwikkelen en als je vrijwillig leiding kunt geven. Er moeten ook gemeenschappelijke sociale codes op en buiten het veld zijn. Dat is bij voetbal vaak zo. Niet de sport zelf, maar de organisatie eromheen is dus een oefenruimte voor integratie en sociale verhoudingen.

Jan Willem Duyvendak, hoogleraar sociologie en antropologie aan de Universiteit van Amsterdam, heeft met een aantal collega's toch zijn bedenkingen bij deze conclusie. Zo bleken uit een onderzoek onder voetbalclubs in Rotterdam de jonge voetballers er helemaal niet zo op gebrand om mensen met een andere achtergrond te ontmoeten. Allochtonen wilden het liefst hun identiteit bevestigen door te sporten in een team met leden van dezelfde etnische achtergrond. En als ze al in aanraking kwamen met andere etnische groepen, dan leidde dat meestal tot agressie. Zelden was het contact probleemloos. De sociologen verklaren dat door de agressieve elementen in het spel zelf, maar ze denken ook dat etnische spanningen van de straat en school worden meegenomen naar het veld, en daar zelfs worden uitvergroot. In Rotterdam kan sport dus eerder de etnische verschillen versterken in plaats van te overbruggen.

Deze conclusies worden bevestigd door Deens onderzoek. De sportwetenschappers Sine Agergaard en Jan Kahr Sørensen volgden getalenteerde voetballertjes uit arme allochtone milieus. Ze gingen na of de jonge sporters hun dromen waar konden maken en via de sport hun ongunstige sociaal-economische milieu konden ontstijgen. Op het veld bleken ze snel en krachtig te kunnen opereren, maar hun tactisch spel bleef achter bij dat van anderen. Het jonge talent slaagt er niet in om de vaardigheden die ze met straatvoetbal hebben opgedaan om te zetten in topspel in de competitie. Er is een gebrek aan communicatie, er zijn moeilijkheden om het eigen temperament in de hand te houden en de misverstanden lopen op door verschillende culturele achtergronden. Sport verbroedert niet. Maatschappelijke segregatie blijkt door te werken tot in de voetbalclub. De onderzoekers noemen het een mythe dat sport de sociale mobiliteit verbetert en etnische minderheden integreert.

De integrerende werking van sport heeft dus haar grenzen. Aan het 'modelvoorbeeld' Türkiyemspor kun je dat goed zien. In de binnenstad van Berlijn verbindt de voetbalclub bewoners van verschillende culturele achtergronden met elkaar. Maar bij uitwedstrijden op het omringende platteland krijgen de spelers regelmatig te maken met extreem-rechtse beledigingen en geweld. Misschien is ook dat binnenkort voorbij, maar dat heeft een andere oorzaak. Door grote schulden uit het verleden dreigt Türkiyemspor failliet te gaan.

Politici geloven graag dat meer contacten tussen mensen met een andere achtergrond tot een groter onderling begrip leiden. Maar daarvan is in de sport weinig te merken. Het is in veel gevallen niet die bindende factor die anderen er graag in zien.

Antonio Pilello en Bram Vermeer

16

'Ontwikkelingshulp helpt om armoede te bestrijden'

Nederland besteedt traditioneel een relatief groot deel van het bruto nationaal product aan ontwikkelingshulp. Maar geconfronteerd met een economische crisis in eigen huis en de gebrekkige resultaten van hulp willen steeds meer politieke partijen erop bezuinigen of deze begrotingspost zelfs volledig afschaffen – op wat incidentele noodhulp na. Helpt ontwikkelingshulp echt niet bij armoedebestrijding?

Armoede, 'echte' armoede, leidt tot honger, ziekte en sterfte. En dat is niet alles. De armen die aan het woord komen in de documentaire *Voices of the Poor* van de Wereldbank wijzen nog op iets anders: het gebrek aan hoop, weten dat de mogelijkheid om vooruit te komen niet alleen voor jou, maar ook voor je kinderen beperkt zal zijn. Bijvoorbeeld omdat je niet aan onderwijs kunt deelnemen.

Maar, helaas, armoede verminderen blijkt zo gemakkelijk niet. Neem Afrika, 's werelds armste continent. Sinds de Afrikaanse landen onafhankelijk werden heeft een leger aan ontwikkelingsspecialisten en -organisaties zich met het continent bemoeid. Ze kwamen met allerlei verschillende ideologische en wetenschappelijke benaderingen.

Die benadrukten van alles: van een agrarische revolutie door landbouwmodernisering en het verbouwen van andere gewassen tot vrouwenemancipatie. Soms werd marktwerking gepropageerd, terwijl anderen dat weer als de oorzaak van armoede zagen.

Momenteel is het model van de omgekeerde piramide erg in trek, net als het idee dat juist door hervonden lokale kennis de Afrikaanse boer zelf expert is in hoe hij het land kan bebouwen. Alleen...tientallen jaren en vele miljarden hulp later leeft het merendeel van de armen in de wereld nog altijd in bittere armoede, ondanks de ambitieuze Millenniumdoelstellingen die de Verenigde Naties afkondigden in 2000. Eén van die ambities, schoon drinkwater voor iedereen in 2015, wordt bijvoorbeeld hoogstwaarschijnlijk niet meer gehaald.

Hoe komt het dat hulp zo weinig helpt? Daarover bestaat nog geen wetenschappelijke consensus, maar uit onderzoek blijkt wel dat corruptie ter plaatse een belangrijke reden kan zijn. Ook wijzen antropologische studies soms naar culturele obstakels. Andere man-vrouwverhoudingen bijvoorbeeld, waardoor vrouwen in ontwikkelingslanden soms helemaal niet zo blij bleken met een waterput in hun dorp in plaats van een stuk daarbuiten. Die afstand gaf ze nou juist een excuus om als vrouwen onder elkaar te kunnen zijn.

Ook een gebrek aan duurzaamheid blijkt projecten soms in de weg te staan. Zo kwamen onderdelen van geslagen waterputten vaak uit het Westen, wat reparatie of vervanging hinderde.

Andere oorzaken lagen dichter bij huis: ontwikkelingssamenwerking werd big business, waardoor het snel en effectief bestrijden van armoede soms zakte op de agenda.

Door hoge salarissen en overheadkosten bleef bijvoorbeeld relatief veel geld hangen in het thuisland, soms meer dan de helft van het totale budget, ook bij sommige gesubsidieerde hulporganisaties in Nederland. Inmiddels wordt hier van staatswege steeds vaker een stokje voor gestoken, bijvoorbeeld door salarissen in te perken.

Kortom, ontwikkelingshulp inzetten om armoede te bestrijden is niet eenvoudig en het werkt, als je het niet goed doet, soms zelfs averechts. Dit geldt overigens niet alleen voor structurele projecten, maar ook voor acute hulp, iets waar de meeste politieke partijen niet aan willen tornen. De Australische onderzoekster Fiona Terry liet zien dat de hulp ter plaatse soms politiek gemanipuleerd wordt. Dictators bevoordelen bijvoorbeeld bepaalde etnische groepen of bevoorraden gewapende milities.

Het bleek ook niet altijd gunstig om onze voedseloverschotten – goed bedoeld – naar Afrika te brengen. Dit bracht soms zo veel concurrentie voor de lokale voedselproductie, dat boeren in het 'geholpen' land in de problemen kwamen. Ontwikkelingsorganisatie Oxfam Novib startte daarom een politieke lobby tegen deze praktijken.

Afschaffen dus maar, die hele ontwikkelingssamenwerking? Ja, zegt de PVV. De Zambiaanse econome Dambisa Moyo is het daar mee eens. Ze vindt dat ontwikkelingshulp afhankelijk maakt en afleidt van de rol die de eigen regering zou moeten spelen in armoedebestrijding. Door eens een fatsoenlijk progressief belastingheffingsmodel op te zetten zou de rijke elite bijvoorbeeld gedwongen worden haar rijkdom te delen. Tegenstanders van haar pleidooi wijzen er echter fijntjes op dat Moyo zelf dankzij een ontwikkelingsbeurs aan de Harvard University kon studeren.

Maar ontwikkelingshulp afschaffen omdat die armoede niet zou bestrijden is te voorbarig. Uit wetenschappelijk onderzoek blijkt dat veel projecten op een andere manier succesvol zijn. En tezamen kunnen die een groot effect hebben. Neem de kindersterfte in Afrika. Dankzij gezondheidscampagnes en betere medische voorzieningen, gefinancierd door westerse ontwikkelingsorganisaties, neemt die al jarenlang af.

Ook heeft een opmerkelijk groot deel van de snel opkomende Afrikaanse economieën, de 'Cheetahs', baat gehad bij langdurige westerse steun. Rwanda, bijvoorbeeld, een land dat net als India inmiddels hard aan de weg timmert met een eigen ICT-industrie en callcenters. Ook in Angola gaat het relatief goed. Onlangs hielp Angola zelfs Portugal uit de brand met leningen – iets wat enkele jaren terug nog ondenkbaar was.

En hoewel de allerarmsten in die landen nog maar weinig profiteren van deze ontwikkelingen, legt een betere economie wel de basis van waaruit armoedebestrijding gemakkelijker kan plaatsvinden.

De ontwikkelingshulp is ook geprofessionaliseerd in de afgelopen jaren. Uit veel evaluaties blijkt dat de hulp het effectiefst is als er met betrouwbare lokale partners wordt samengewerkt. Dat doen ontwikkelingsorganisaties dan ook steeds vaker.

Het blijkt ook belangrijk dat hulp aansluit bij bestaande lokale behoeftes, en dat de hulp bevordert dat mensen op eigen benen kunnen staan. Laat dit nou net de filosofie zijn achter de door prinses Máxima gepropageerde microkredieten aan arme lokale ondernemers, die geen lening van een gewone bank kunnen krijgen. Daarmee zijn al de nodige successen geboekt. Aan de andere kant maken de organisaties die de lening verstrekken soms ook misbruik van hun machtspositie door leningen tegen torenhoge rentes aan te bieden.

Op een enkele celebrity als Bono na, is er in de professionele hulp niemand meer die meent dat armoedebestrijding alleen maar een zaak is van geld sturen. Tegenwoordig gaat het om *smart aid*: gerichte hulpverlening waarmee relatief veel bereikt kan worden en waarvan de effecten voortdurend in de gaten worden gehouden. Zoals econoom en voorstander van ontwikkelingssamenwerking Paul Collier het laatst zei: 'De wereld is complex, dus moeten we zeker weten dat de activiteiten die we ondernemen haar verbeteren en niet verslechteren.'

99

Marloes van Amerom

Energie en milieu

17
'In 2050 kan al onze energie duurzaam worden opgewekt'

onwaarschijnlijk

Duurzaamheid is goed, als het maar over de verre toekomst gaat. Partijen als PvdA en GroenLinks willen in 2050 de hele Nederlandse energievoorziening duurzaam hebben. De ChristenUnie gaat bijna even ver: zij willen minstens 80 procent reductie in CO_2-uitstoot.

In Nederland steeg in 2011 het aandeel duurzaam in de energievoorziening met 0,4 procentpunten, vooral doordat het totale verbruik door de crisis afnam en doordat we meer hout en ander biologisch afval zijn gaan verbranden. Als we over 38 jaar op honderd procent willen zitten, moeten we dus veel meer snelheid maken.

Kunnen we dan bij honderd procent uitkomen? Ja, maar dan moeten we echt alles op alles zetten. Dat heeft energie-journalist Mark van Baal in 2011 in detail becijferd voor *Technisch Weekblad*. Voor honderd procent duurzame energie moeten we elke duurzame bron tot het uiterste benutten. Dus op elk vrij stukje in Nederland een windmolen. En geen golfje energie mag verloren gaan. Op wereldschaal heeft het milieu-adviesbureau Ecofys voor het Wereld Natuur Fonds hetzelfde uitgerekend.

Wat betekent het als we Nederland maximaal volleggen met zonnecellen volgens het scenario van Mark van Baal? Op dit moment wekken we in Nederland dagelijks gemiddeld maar een honderdste kilowattuur per persoon aan zonne-energie op. Als we *alle* Nederlandse daken vol zouden leggen met zonnecellen, zouden we nog maar vijf procent van onze energiebehoefte dekken. Dat is uitgaande van de huidige stand van techniek en het huidige energiegebruik. Als we daar ook wat weilanden en tuinen bij nemen, kunnen we op tien procent komen, denkt hij. Om die zonnecellen te maken zouden we een tiende van de huidige wereldwijde productiecapaciteit gedurende veertig jaar voor Nederland moeten reserveren. Onmogelijk is dat niet, maar het is wel heel veel. Zeker als andere landen ook nog duurzaam willen worden. Om dat te halen moet Nederland jaarlijks honderd maal zo veel zonnecellen neerleggen als nu. Als we dat veertig jaar volhouden hebben we nog maar tien procent van de Nederlandse energiebehoefte verduurzaamd. Volgens Ecofys is daarvoor ook een radicaal andere infrastructuur en overheidspolitiek nodig.

Nieuwe zonnetechnologie kan daarbij helpen. De huidige zonnecellen doen het al aanzienlijk beter dan de fotosynthese in planten, maar in laboratoria worden nog veel betere resultaten geboekt dan wat nu op de Nederlandse daken ligt. In zijn berekeningen houdt Van Baal daarom rekening met een verbetering van vijftig procent. Maar de werkelijke uitdaging is om die technieken op grote schaal toe te passen.

In Nederlandse laboratoria zijn zonnecellen te zien die de belofte van snelle productie kunnen waarmaken. Plastic zonnecellen kunnen op rollen in grote snelheid worden gedrukt. De stroomopbrengst van die cellen is nog pover, maar als er genoeg onderzoek wordt gedaan worden ze nog wel aanzienlijk beter. Met andere duurzame technieken is verbetering een stuk lastiger. Windenergie is uitontwikkeld. Windmolens zijn inmiddels zo goed dat ze dicht tegen de theoretisch maximale opbrengst zitten (de Betz-limiet). Ze worden goedkoper door schaalvergroting en materiaalverbeteringen, maar volgens het CBS zijn ze zonder subsidie nog altijd niet rendabel. En de opbrengst is beperkt door de ruimte die we hebben. Volgens het scenario van Mark van Baal moeten er in Nederland nog tienduizend megamolens van honderd meter hoog bij kunnen. Dat levert dan nog eens tien procent van onze energievoorziening. Ter vergelijking: op dit moment zet Nederland per jaar twintig veel kleinere molens neer (2008 was een topjaar met 131).

Natuurlijk kunnen we ook nog veel efficiënter met energie omgaan. Volgens veel deskundigen kunnen we met slimme besparingen het energiegebruik halveren. Maar ook dat gaat niet vanzelf. In Nederland zijn we elk jaar 1,8 procent efficiënter. Het totale energiegebruik groeit sneller (behalve tijdens de laatste crisis). Om meer besparing te realiseren zijn hoge investeringen en keiharde voorschriften nodig.

Een van de lastigste problemen is de verwarming van onze huizen. Bij nieuwbouw is dat allemaal geen probleem. We weten hoe we nul-verwarmingswoningen moeten bouwen. Maar er worden door de crisis op dit moment weinig nieuwe woningen gebouwd, en zeker geen energieneutrale woningen. Dat zal waarschijnlijk voorlopig zo blijven door de oprukkende vergrijzing in Nederland. Het zijn vooral jonge gezinnen waar een projectontwikkelaar voor bouwt.

Het echte probleem is het zuiniger maken van de bestaande bouw. Met veel investeringen kunnen huizen het Europese A-energielabel krijgen. Wie het nog beter wil doen, moet echt de geldkranen openzetten. Het zou bijvoorbeeld betekenen dat je dubbele ramen eruit moet slopen om er driedubbel glas in te zetten. Zonde van de investering. De realiteit is daarom dat bij veel mensen verwarming de grootste energiepost blijft.

Willen we volledig overschakelen op duurzame energie, dan moeten we er dus flink tegenaan. En snel beginnen, want hoe langer we wachten, hoe lastiger het wordt om de opwarming van de aarde te beperken en het opraken van olie voor te zijn.

Veertig jaar vooruitkijken is voor energiebeleid geen lange tijd. Veertig jaar geleden waren de belangrijkste drie energiebronnen in Nederland dezelfde als nu, alleen in iets andere verhoudingen. Veranderingen verlopen traag. Dat komt doordat het om zulke grote hoeveelheden gaat. Een kolentrein met dertig wagons gaat in Nederland slechts twee uur mee. Een supertanker stoken we in een dag leeg. Onze samenleving ligt aan een enorm energie-infuus. Als we werkelijk naar duurzame energie willen omschakelen, moeten we op grote schaal nieuwe technieken ontwikkelen en invoeren.

Dat soort drastische veranderingen vergt tientallen jaren. Dat blijkt bijvoorbeeld uit recent onderzoek door Gert Jan Kramer, hoogleraar duurzame energie in Leiden en onderzoeker bij Shell, gepubliceerd in het toonaangevende wetenschappelijke tijdschrift *Nature*. Hij bracht samen met zijn collega Martin Haigh in kaart hoe dit soort omschakelingen in het verleden is verlopen. Bij kernenergie, zonnecellen en windmolens kostte het zeker dertig jaar aan technologische ontwikkeling voordat er een klein marktaandeel werd bereikt. Het bouwen van proefinstallaties en het leren van de praktijk vraagt nu eenmaal tijd. Pas daarna kan de industrie geleidelijk overschakelen op de nieuwe techniek. Er komt pas een stroomversnelling als bestaande installaties zijn afgeschreven, aldus de onderzoekers. De kolencentrales die nu worden gebouwd, gaan zeker nog tot na 2050 mee.

Overheden proberen wel om de ontwikkeling van nieuwe technologie te stimuleren door een flink aantal proeven parallel aan elkaar uit te voeren. Zo lopen er wereldwijd tientallen grote projecten voor ondergrondse opslag van kooldioxide. Maar ook daarbij is intensieve steun tot ver na 2020 nodig, zeggen Kramer en Haigh. Hetzelfde geldt voor onderzoek naar nieuwe technieken die nodig zijn voor elektriciteitsnetten en energie-opslag. De investeringen zullen we waarschijnlijk terugverdienen als de olieprijzen exploderen, maar er is geen bank die met dat argument geld uitleent aan een universiteit. Het geld zal van de overheid moeten komen. Maar over de benodigde miljarden rept de politiek met geen woord.

De politici doen vooral grote beloften over duurzaamheid. Maar de maatregelen die de partijen op korte termijn voorstellen, staan in schril contrast met die vergezichten. Een beetje extra isolatie, wat meer windmolens: dat is het wel. Zolang dat zo blijft, is het onwaarschijnlijk dat we in 2050 volledig zijn omgeschakeld op duurzame energie.

Bram Vermeer

18

'Biobrandstoffen brengen de voedselvoorziening in gevaar'

108 De wereld moet schoner en duurzamer, vinden verschillende partijen. En ze zien bloeiende koolzaadvelden voor zich waaruit biobrandstoffen worden gemaakt. Is dat een goed alternatief voor vervuilende en oprakende olie? Dat biobrandstoffen hernieuwbaar zijn, staat buiten kijf. De gewassen waaruit biodiesel en bio-ethanol gewonnen worden, kun je namelijk opnieuw aanplanten. Maar zijn ze ook duurzaam? Vanaf de introductie van biobrandstoffen breken wetenschappers zich het hoofd over de kwestie. Brandstofplanten halen bij hun groei evenveel kooldioxide uit de lucht als ze bij verbranding uitstoten. Maar dat biobrandstoffen netto geen kooldioxide-uitstoot zouden geven klopt niet helemaal. Want voor het verbouwen van biobrandstofgewassen zijn ook vervuilende fossiele brandstoffen nodig, in de vorm van tractors en kunstmest. Het zorgelijkst zijn echter de gevolgen voor de voedselvoorziening.

Veruit de meeste biobrandstoffen op de markt zijn van de zogenaamde eerste generatie: ze zijn gemaakt van voedselgewassen als soja, maïs en suikerriet. Hierop is gegronde kritiek. Want voedselgewassen speciaal verbouwd voor brandstof nemen veel landbouwgrond in. Voor elke liter bio-ethanol is minstens drie vierkante meter maïs nodig. Grond die ook gebruikt had kunnen worden om de wereldbevolking te voeden. Concurrentie met biobrandstof zou de voedselprijzen omhoogdrijven. Dat kan voedsel onbetaalbaar maken voor de armsten op de wereld.

Deze kritiek wordt door de meeste wetenschappers en organisaties, zoals de Verenigde Naties, ondersteund. Volgens de Wereldbank heeft de toegenomen productie van biobrandstof in de VS en de EU sinds 2002 bijgedragen aan een snelle stijging van voedselprijzen. Ook Nederlandse wetenschappers komen tot deze conclusie, onder wie de Wageningse hoogleraar duurzame ontwikkeling Rudy Rabbinge: 'Lange tijd geloofde men in de politiek dat biobrandstof heel goed zou zijn voor het milieu. Dat is een illusie. Je krijgt onherroepelijk conflicten met grondgebruik, met waterverbruik, en je treft de armen.'

Door de aanhoudende kritiek op de eerste generatie biobrandstof zijn nu biobrandstoffen van de tweede generatie in opkomst. Deze zijn te winnen uit oneetbare gewassen als grassen en uit plantafval als maïsbladeren en houtresten. Uit onderzoek van de Amerikaanse bio-econoom Jason Hill blijkt dat de tweede generatie beter uit de bus komt dan de eerste, onder andere omdat rekening wordt gehouden met voedseltekorten. Maar tweede-generatie-biobrandstoffen kunnen nog steeds concurreren met voedselgewassen om land en water. Deze duurzamere variant is dus ook niet volkomen neutraal voor de voedselvoorziening.

Dan is er ook nog een veelbelovende derde generatie biobrandstoffen: biodiesel uit speciaal voor dit doel gekweekte algen. Terwijl maïs en soja groeien op grond waar je ook voedsel had kunnen verbouwen, doen algen dat niet. Deze groeien in grote bioreactoren. En volgens de universiteit in Wageningen, die sterk inzet op onderzoek naar duurzame productie van algendiesel, concurreert de productie van algenbiomassa niet met de voedselproductie. Ook niet als het op grote schaal gebeurt, mits het wordt geproduceerd op de juiste manier.

Wat is er voor nodig om heel Europa op biodiesel te laten rijden en vliegen? Daarvoor moet je een oppervlak zo groot als Portugal inrichten met algenkwekerijen.

Addertje onder het gras is dat de algen dan per hectare maar liefst 40.000 liter biodiesel moeten produceren per jaar – dat is het dubbele van wat nu mogelijk is, volgens Wageningse wetenschappers. In de toekomst kan dat wellicht nog meer worden. Naar verwachting zijn binnen tien tot vijftien jaar de belangrijkste obstakels overwonnen en is de algenproductie betaalbaar en duurzaam. Om dit alternatief aantrekkelijk te maken, steekt de overheid momenteel miljoenen in onderzoek naar de grootschalige productie van biodiesel uit algen.

Algendiesel is de beste vorm van biobrandstof. Maar de techniek staat nu nog in de kinderschoenen. Voorlopig zullen we het moeten doen met eerste- en tweede-generatie-biobrandstof. Eerste-generatie-biobrandstoffen concurreren met de voedselproductie. En zelfs de tweede generatie heeft met haar honger naar land en water consequenties voor de voedselvoorziening. Hoewel er nog geen wetenschappelijke consensus over is, is het daarom toch wel waarschijnlijk dat biobrandstoffen een negatief effect hebben op de wereldwijde voedselproductie.

Mariska van Sprundel

19

'Elektrische auto's zijn schoner dan benzine-auto's'

weerlegd onwaarschijnlijk onbeslist **waarschijnlijk** bewezen

Het afgelopen half jaar zijn er driehonderd elektrische auto's in Amsterdam verschenen en ze waren meteen po-
pulair. Zelfs politieke partijen die kritisch staan tegenover
technologische innovaties maken een uitzondering voor
elektrisch rijden. Dat moet worden gestimuleerd, zo vindt
de Nederlandse politiek eenstemmig. Er moeten nieuwe
oplaadpunten komen, taxi's moeten elektrisch worden, wie
elektrisch wil rijden moet van de motorrijtuigenbelasting
worden vrijgesteld, en zo zijn er nog een aantal maatregelen die elektrisch rijden moeten gaan bevorderen.
Maar is het nu automatisch beter voor het milieu?
Volledig elektrisch aangedreven auto's verbranden geen
benzine of diesel als ze rijden en veroorzaken dus zelf geen
uitlaatgassen. Auto's die zowel een benzinemotor als een
elektromotor hebben doen dat af en toe wel, maar hun verbrandingsmotor is doorgaans zuiniger dan die in een gewone auto. In een hybride auto kan de elektromotor namelijk de schommelingen van het rijgedrag opvangen, zodat de verbrandingsmotor beter op een optimaal toerental
kan draaien. Voor beide typen geldt: bij de productie van

de elektriciteit die wordt gebruikt om de accu's in de auto op te laden, komen wel voor het milieu schadelijke emissies in de vorm van kooldioxyde vrij. Hoeveel kooldioxyde er ontstaat is vooral afhankelijk van hoe de stroom in het elektriciteitsnetwerk wordt opgewekt.

De Nederlandse elektriciteitsproductie wordt gedomineerd door aardgas: in 2004 was aardgas goed voor tweederde van de totale stroomproductie. Een kleiner aandeel van de productie is afkomstig van kolen, kernenergie en hernieuwbare energiebronnen. Vergeleken met andere landen in Europa neemt Nederland daarmee een uitzonderingspositie in. Omdat we de op een na grootste producent

van aardgas in de EU zijn, is ons aandeel gas voor het opwekken van stroom bijna drie keer zo groot als elders in Europa.

Voor groen rijden is dat een goede zaak. Want een auto die op stroom uit een gascentrale rijdt, produceert bijna de helft minder kooldioxide dan een wagen die wordt opgeladen met elektriciteit uit een kolencentrale of een oliegestookte centrale. De kooldioxide-emissie van de eerste groep elektrische auto's is zelfs ruim vier keer minder dan een auto die op benzine of diesel rijdt.

De mix van energiebronnen die uit het stopcontact komt, verschilt per land aanzienlijk. Wie een rondrit door Europa maakt in een elektrische auto, krijgt per land dus te maken met een sterk wisselende milieuvriendelijkheid. In Griekenland, Malta of Estland is het rijden in een elektroauto bijna net zo vervuilend als het rijden in een auto met een benzine of dieselmotor. In Engeland, Duitsland en Portugal is het – dankzij een hoog aandeel stroom uit windenergie – al een stuk milieuvriendelijker. Elektrisch rijden in Frankrijk en de meeste landen in Oost-Europa levert ook aanzienlijk minder kooldioxide-uitstoot op, vanwege het grote aandeel stroom uit kerncentrales. In Noorwegen, Zwitserland en Zweden is het elektrisch rijden bijna perfect: het is vrijwel volledig vrij van kooldioxide dankzij de vele waterkrachtcentrales daar.

Duitse onderzoekers becijferden dat de totale uitstoot van kooldioxide van het Duitse wagenpark door de komst van elektrische auto's in 2020 waarschijnlijk met een halve procent afneemt, en in 2030 met ongeveer zes procent ten opzichte van het verbruik in 2010. Daarbij helpt het dat Duitsland van plan is het aandeel groene stroom in de totale energiemix aanzienlijk te verhogen.

De onderzoekers laten ook zien dat de totale uitstoot van kooldioxide van alle auto's bij elkaar – zowel elektrische als conventionele – voornamelijk wordt bepaald door de vraag of ook conventionele verbrandingsmotoren in de toekomst zuiniger zullen worden. Want de meeste auto's zullen ook over twintig of dertig jaar nog gewoon rijden op diesel of benzine. Hoeveel precies hangt af van de toekomstige prijs van elektrische auto's.

In de praktijk kunnen de cijfers voor elektrische auto's nog variëren. Het hangt af van hoe efficiënt een elektrische auto stroom kan omzetten in beweging. Een Nissan Leaf bijvoorbeeld verbruikt vijf procent minder dan een Chevrolet Volt.

Op dit moment ligt de vervuiling van elektrisch rijden in Nederland – geholpen door de relatief schone stroom uit aardgas – in vergelijking met de andere landen in Europa in de middenmoot: het is beter dan in de landen met veel kolencentrales, maar minder goed dan de landen die hun stroom uit kernenergie of alternatieve energiebronnen zoals wind- en waterkracht halen.

Elektrisch rijden is bij ons daardoor beter dan rijden op benzine of diesel. Maar dat betekent niet dat het in de toekomst ook automatisch zo blijft. Want benzine- en dieselmotoren zullen ook zuiniger gaan worden, en het is nog maar de vraag of we voor onze stroomproductie relatief groene energiebronnen zullen blijven gebruiken. De komst van nieuwe kolencentrales in Nederland kan de balans naar de verkeerde kant doen omslaan. Maar zover is het nog niet.

Sybe Rispens

20

'Rekeningrijden helpt tegen files'

In 2003 werd in Londen tol ingevoerd. Iedereen die over- 115
dag met een auto het centrum in wil, moet sindsdien tien
pond (twaalf euro) betalen. Het werd een groot succes.
Een autorit naar het centrum werd een derde sneller en
de luchtvervuiling nam met twaalf procent af. Zo'n tachtig
procent van de Londense automobilisten is tevreden over
het tolsysteem.

Economen zijn het eens over de effecten van rekeningrijden, kilometerheffing, en hoe al die mooie plannen
ook mogen heten. Het werkt. Automobilisten die in de
spits moeten betalen, kiezen daardoor vaak voor een ander
tijdstip, een andere route of een ander vervoermiddel. Ook
ervaringen in Stockholm, Singapore, en een groot aantal
andere gebieden laten dat zien. Evenals onderzoek onder
Nederlandse automobilisten. Ook een vergelijking met alternatieven als wegverbreding geeft een positieve balans.

Tolheffing is een geliefd onderwerp voor economen.
Adam Smith, de grondlegger van de economische weten-
schap, wijdt er vele bladzijden aan in zijn magnum opus
The Wealth of Nations. Sindsdien is het gebruik van we-

gen aanleiding voor veel economische beschouwingen. Logisch, het is een klassiek voorbeeld van overconsumptie van een schaars goed dat gratis is. Daarmee hoort 'overberijding' oftewel filevorming in het rijtje van overbegrazing en overbevissing. Het prijsmechanisme zorgt ervoor dat schaarse goederen terechtkomen bij degenen die er het meest aan hebben, zo luidt de hoofdwet van de economische theorie. Dat bevestigt dus ook de praktijk. Voor een betere verdeling is ook volop gelegenheid, want wegcapaciteit is maar een paar uur per dag echt schaars, daarbuiten kun je gewoon doorrijden.

Tolheffing werkt, de stelling is bewezen. Maar bij tolheffing wordt de prijs doorgaans niet bepaald door de markt, maar door de overheid. Hoe hoog die de tol moet maken om de files te halveren is veel minder duidelijk. Daarvoor zijn de details van het gedrag van automobilisten van belang. Hoe gemakkelijk kunnen ze uitwijken naar een ander tijdstip? Zijn werkgevers flexibel genoeg? Er zijn computersimulaties waarmee dat kan worden doorgerekend, maar in die berekeningen zit onvermijdelijk een onzekerheid. Het precieze effect zal uiteindelijk moeten blijken in de praktijk. De ervaringen in Londen geven een idee van wat het automobilisten moet gaan kosten.

Tolheffing verschuift de lasten. In plaats van de frustratie van de file moet je betalen, in de bus hangen of op een vervelend tijdstip vertrekken. In de lange reeks Nederlandse plannen heeft de overheid steeds gezegd dat ze dit ongemak gaat compenseren. Economen zijn het er echter niet over eens hoe dat het beste kan. Een mogelijkheid is bijvoorbeeld de afschaffing van brandstofaccijns of de belasting op de aanschaf van een auto. Die compensaties kunnen voor een deel de winst van tolheffing weer tenietdoen.

Als auto's ter compensatie goedkoper worden, gaan mensen meer auto's kopen (en gebruiken, als ze toch voor de deur staan). Dit soort 'tegenvallers' moeten worden meegerekend in de schatting van het precieze effect.

Nederlandse regeringen hebben zich in het verleden uitgeput in het bedenken van innovatieve technieken voor tolheffing. Inmiddels heeft het buitenland ons ingehaald. Elektronische tolsystemen zijn in alle variaties te koop. In Londen en Stockholm worden de nummerborden met videocamera's geregistreerd, een computersysteem zorgt daarna voor de afrekening. In Duitsland houden kastjes aan boord van vrachtwagens de route bij via satellietnavigatie. Technisch gezien is tolheffing inmiddels geen probleem meer. Wie wil, kan in een paar jaar een systeem invoeren.

Hoewel het economisch en praktisch gesproken zo'n goed idee is, blijft de kwestie in het politieke debat opvallend afwezig. Ook in het verleden stuitte elke poging tot invoering op veel verzet. De ongemakken van tolheffing worden met elk nieuw plan breed uitgemeten.

Hoe krijg je het dan ooit ingevoerd? Toen de burgemeester van Stockholm in 2007 een tolheffing wilde invoeren, stuitte ze op massaal protest. Ze was er zó van overtuigd dat het zou werken, dat ze een proefperiode en een referendum afsprak. De woedende automobilisten bedaarden toen ze merkten dat files oplosten en stemden uiteindelijk voor tolheffing. Maar de burgemeester was politiek zo beschadigd geraakt door de invoering, dat ze al voor het referendum was afgetreden.

Bram Vermeer

21

'Verbinden van natuurgebieden is goed voor dieren en planten'

weerlegd onwaarschijnlijk onbeslist waarschijnlijk bewezen

118 In 1990 kwam het toenmalige ministerie van Landbouw, Natuurbeheer en Visserij met het idee voor de Ecologische Hoofdstructuur: een samenhangend netwerk van bestaande en nog te ontwikkelen natuurgebieden in Nederland.

De Ecologische Hoofdstructuur is voor een belangrijk deel gebaseerd op het werk van de biologen Robert Mac-Arthur en Edward Wilson. Zij beschreven in 1967 hun eilandtheorie. Daarin lieten ze zien dat het aantal soorten op een eiland een balans is tussen uitsterven en koloniseren. Eilanden die dichter bij het vasteland liggen zijn makkelijker bereikbaar en krijgen daardoor een grotere toestroom van nieuwe soorten. MacArthur en Wilson voorspelden dan ook dat de biodiversiteit op grote eilanden dicht bij het vasteland een stuk groter zal zijn dan die van kleine eilanden ver van de kust. Ook kunnen grote eilanden meer soorten huisvesten dan kleine eilanden omdat het landschap diverser is en daardoor aantrekkelijk voor uiteenlopende soorten.

Aan het begin van de jaren zeventig omarmden natuurbeschermers de eilandtheorie. Ze beseften dat soorten in een klein natuurgebied gevoelig zijn voor uitsterven. Maar als de vrijgekomen plek opgevuld kan worden door een populatie uit de nabije omgeving, loopt de soort in zijn geheel geen gevaar. De versnippering van leefgebieden maakt soorten dus kwetsbaar. Die notie leidde in 1975 tot een aantal aanbevelingen voor natuurbescherming. Natuurgebieden moeten zo groot mogelijk zijn, zo dicht mogelijk bij elkaar liggen en als het even kan met elkaar verbonden worden.

Dat verbinden vormt een belangrijk onderdeel van de Ecologische Hoofdstructuur. Op verschillende plekken wordt hard gewerkt aan ecoducten, reptielentunnels en veilige zwem- en vliegroutes. Een voorbeeld van een groot verbindingsproject is de Renkumse Poort, waarmee de Veluwe wordt aangesloten op een aantal uiterwaarden van de Rijn. Het idee van die aansluiting is een groter leefgebied voor herten, kleine zoogdieren, reptielen en amfibieën.

Of de verbindingen hun werk ook gaan doen is nog even afwachten. Niet alle dieren zijn er namelijk even happig op om door mensen aangelegde verbindingsroutes ook echt te gebruiken. Dat blijkt wel uit ervaringen bij de Canadese stad Banff aan de voet van de Rocky Mountains. Rondom de stad zijn drie routes aangelegd waardoor wolven kunnen oversteken van het Amerikaanse deel van de bergketen naar het Canadese deel. In 1997 bleek dat wolven één van die routes vermijdden omdat ze daar te veel werden gestoord. Pas toen de menselijke activiteiten rond die route werden ingedamd, gingen wolven de omleiding gebruiken. Dat betekende een verdrievoudiging van hun leefgebied.

Om de verbindingen bij de Renkumse Poort te realiseren worden ecoducten aangelegd over twee snelwegen en

een spoorlijn. Bovendien is er in het project ruimte voor re-
creatie. Dieren die deze verbinding willen gebruiken, hebben daardoor ook te maken met verstoring.

Daar komt bij dat verbindingen tussen natuurgebieden
nog een belangrijk nadeel kunnen hebben. In 2002 wees
veearts Leslie Bienen erop dat het verbinden van natuurgebieden de verspreiding van infectieziekten in de hand
kan werken. In 1889 sloeg de virusziekte runderpest toe
bij runderen in Oost- en Zuid-Afrika. Vele dieren gingen
dood. In die tijd verspreidde de ziekte zich nog via natuurlijke verbindingsroutes, maar volgens Bienen is er geen
enkele reden om aan te nemen dat verbindingen die door
mensen worden aangelegd niet zouden kunnen fungeren
als doorgeefluik voor ziektes.

Of het onderling verbinden van natuurgebieden gunstig is voor de biodiversiteit staat wetenschappelijk gezien
dus nog niet vast, vooral omdat er nog weinig gegevens beschikbaar zijn. In de meeste landen zijn verbindingsprojec-
ten nog volop in ontwikkeling en is het nog niet duidelijk
wat de positieve en wat de negatieve gevolgen zullen zijn.

Elles Lalieu

Veiligheid

22

'Een zerotolerancebeleid vermindert de criminaliteit'

weerlegd onwaarschijnlijk onbeslist waarschijnlijk bewezen

Met harder en sneller ingrijpen tegen criminaliteit maakte   123
de stad New York begin jaren negentig naam. Onder leiding van William Bratton werd een nieuwe veiligheidscam-
pagne opgezet. Bratton ging hard optreden tegen daklozen,
graffitispuiters, bedelaars en bendes. Het aantal arrestaties
voor kleine criminaliteit in de metro steeg significant: een
vervijfvoudiging binnen enkele jaren. In 1994 won de republikeinse burgemeester van New York Rudolph Giuliani
met een vergelijkbaar programma de verkiezingen: zwervers, alcoholisten, drugsverslaafden, prostituees en andere mogelijke wetsovertreders moesten direct achter de tralies worden gezet. *Zero tolerance* werd het devies: veilige en
schone buurten door een lik-op-stukaanpak van criminaliteit.

En helpt het ook? De twee bekendste onderzoekers die
zich over deze vraag bogen, zijn de Amerikaanse criminologen Edward Maguire en John Eck. Ze toonden aan dat
er vrijwel geen relatie is te vinden tussen *zero tolerance* en
criminaliteitscijfers op straat. Ze vergeleken daarvoor de
cijfers van New York met andere Amerikaanse steden. In

New York verdubbelden zo'n beetje de uitgaven voor de politie in de jaren van Giuliani's bewind, en werd er een kwart meer arrestaties uitgevoerd. In dezelfde jaren voerde San Diego het tegenovergestelde beleid: er werden banen gecreëerd en sociaal werk onder jongeren werd bevorderd. Het aantal arrestaties daalde daar bijna met een vijfde. En ziedaar: in beide steden daalden de criminaliteitscijfers ongeveer evenveel.

Maguire en Eck constateerden wel dat soms de kleine criminaliteit afnam na een verhoogde politie-inzet. Die wordt volgens hen doorgaans door lagere sociale klassen gepleegd. Andere soorten criminaliteit, bijvoorbeeld overvallen en witteboordencriminaliteit, zijn ongevoelig voor een lik-op-stukbeleid.

De onderzoekers concludeerden dat niet de politie de grootste misdaadbestrijder is, maar de economie. Gaat het economisch beter, dan neemt de criminaliteit af. Zorg voor goede banen voor jongeren en je ziet bijvoorbeeld dat het drugsgebruik naar beneden gaat. Geef burgers mogelijkheden tot meer inspraak en de criminaliteit neemt af.

Hard optreden door de politie heeft niet alleen weinig positieve effecten, het leidt ook tot misstanden. Want met programma's als *zero tolerance* krijgt de politie in feite *carte blanche* voor het willekeurig inzetten van haar macht. Zo trokken de versterkte aanwezigheid van politie op straat en het invoeren van gedigitaliseerde databases met criminelen in New York ook de aandacht van Amnesty International. In 1996 publiceerde de organisatie een rapport waarin buitensporig geweld van de New Yorkse politie in kaart werd gebracht. Het beeld was weinig rooskleurig. Tussen 1994 en 1997 verdubbelde het aantal schadeclaims na politiegeweld. Driekwart van de slachtoffers van politiegeweld had een Afro-Amerikaanse of Latijns-Amerikaanse achtergrond, meestal jongeren tussen de veertien en zeventien jaar oud. Binnen twee jaar nam het aantal gedode burgers door politie-optreden met een derde toe. Tussen 1992 en 1997 steeg het bedrag dat de stad moest betalen voor compensatie van politiegeweld tegen burgers van 13,5 tot 24 miljoen dollar.

Ondanks de kritiek van Amnesty International reisden Europese politici en politie-autoriteiten rond de eeuwwisseling af naar New York om de 'successen' van Rudolph Giuliani nader te bekijken. Vooral in Groot-Brittannië werd harde taal gesproken. Zowel Labour als Conservatieven wilden *zero tolerance policing* om ook in de eigen steden het 'wonder' van New York tot stand te brengen. Maar de Europese situatie bleek heel anders. Onze steden hebben minder zware en gewelddadige criminaliteit en wij kennen niet de bittere Amerikaanse armoedegetto's. Toch gingen de Britten er hard tegenaan met zwaardere gevangenisregimes, strengere straffen en *zero tolerance* op straat. In woorden althans, want het was vaak vooral een goed in het gehoor liggende soundbite.

Trevor Jones en Tim Newburn, twee Britse criminologen, signaleren dat zerotolerancebeleid nauwelijks is toegepast. Het begrip kreeg op elke plek een andere inhoud, het stuitte op verzet onder de bevolking en het druiste in tegen het heersende Britse politiebeleid. Alleen de ideologie, de ideeën en de retoriek zijn de Atlantische Oceaan overgestoken, zo concluderen zij.

Ook in Nederland verschenen aan het eind van de vorige eeuw krantenartikelen en tv-reportages over het New Yorkse 'succes'. Amsterdam omarmde rond de eeuwwisseling een nultolerantiebeleid voor de binnenstad, zo schrijft de Londense hoogleraar criminologie Maurice Punch in 2006 in een studie voor de Nederlandse organisatie Politie en Wetenschap. Agenten kregen een handleiding om harder op te treden tegen geluidsoverlast, zwervers, hondenpoep, straatvuil, graffiti en wildplassen. Fietsers werden weer gecontroleerd op achterlichten.

Dat is hooguit een zwakke afspiegeling van de New Yorkse aanpak. Men wilde met een goed zichtbare en assertieve surveillance de stad 'schoonvegen'. Agenten moesten voortaan jaarlijks tweehonderd bonnen uitschrijven.

Heeft het geholpen tegen overtredingen? Maurice Punch ziet weinig resultaat. De meeste Amsterdamse fietsers hebben tegenwoordig wel een werkend achterlicht, maar ze rijden nog steeds door rood. Het voornaamste effect van het hardere beleid is binnen de politie-organisatie te vinden, zo concludeert hij. Er is sprake van een nieuw elan, zelfvertrouwen en zelfs trots.

Sybe Rispens

23
'Strenger straffen brengt de misdaad omlaag'

weerlegd onwaarschijnlijk onbeslist waarschijnlijk bewezen

Als de maatschappelijke verontwaardiging over misdragingen groot is, bijvoorbeeld als ambulancepersoneel weer eens belaagd wordt, zit je als politicus nooit verkeerd met de oproep om strenger te straffen. Maar is strenger straffen wel een effectief middel om criminaliteit te verminderen?

Dat strenger straffen in sommige gevallen tot vermindering van criminaliteit kan leiden, is misschien niet zo verrassend als je beseft dat zo'n tweederde van alle misdrijven gepleegd wordt door mensen die al eens eerder met justitie in aanraking zijn geweest – en dit vaak in weerwil van herintegratie- en reclasseringsprogramma's. De kans dat zulke beroepscriminelen opnieuw de fout ingaan is groot. Zolang ze in de gevangenis zitten, krijgen ze die kans niet.

In Nederland is Willem Holleeder zo'n draaideurcrimineel. Nadat hij zijn straf wegens de ontvoering van biermagnaat Freddy Heineken had uitgezeten, ging hij opnieuw de fout in. Hij werd gepakt wegens de moord op Willem Endstra. Als hij strenger (lees: langer) was gestraft, zou zijn bijdrage aan de Nederlandse criminaliteit kleiner geweest zijn.

Het herhalingsgedrag is ook de reden van de regel *three strikes and you're out* in sommige Amerikaanse staten. Als je veroordeeld bent voor je derde misdaad, krijg je levenslang. Na de invoering van deze regel vloog het aantal moorden en andere misdaden omlaag. Maar volgens de economen Steven Levitt en John Donohue zou de oorzaak daarvan eerder in de legalisering van abortus in 1973 liggen, waardoor minder kinderen opgroeiden in problematische milieus of bij ouders die hen niet wensten.

Onderzoek laat ook zien dat streng straffen soms preventief kan werken. Hoe strenger de straf, hoe groter de preventieve werking van straf kan zijn voor sommigen. In een interview dat de auteur van dit hoofdstuk met een voormalig 'straatschoffie' had, verwoordde hij het zo: 'Na de scheiding van mijn ouders haalde ik allerlei rottigheid uit. Ik jatte en was soms betrokken bij vechtpartijen. Ik gleed steeds meer af, ook omdat ik toch wel wist dat ik die softe jeugdwerkers die me moesten begeleiden wel weer kon manipuleren met een zielig verhaaltje (...). Tot ik voor een rechter verscheen. Die zei dat als hij me nog een keer terugzag, hij me zonder pardon naar de gevangenis zou sturen voor enkele jaren. Hij leek dit echt te menen en toen besloot ik het roer radicaal om te gooien: terug naar school en kappen met m'n foute vrienden.'

Inmiddels heeft dit schoffie een topbaan bij een grote financiële organisatie en is al jaren een braaf en toegewijd huisvader. Kortom, de dreiging van vrijheidsberoving, een als veel strenger ervaren straf dan de taakstraffen die hij eerder kreeg opgelegd, zorgde ervoor dat deze jongen weer het rechte pad opging.

En dan is er nog het geval van gewelddadige criminelen die psychopaat zijn. Deze daders kunnen zich vaak niet inleven in de gevoelens van anderen en hebben minder schuldgevoel en geweten.

De slaagkans van herintegratieprogramma's is relatief klein bij deze groep, mogelijk ook omdat dergelijke psychologische afwijkingen volgens sommige wetenschappers in hun hersenen zijn voorgeprogrammeerd. Milde straffen kunnen bij deze groep zelfs fataal zijn, omdat ze, eenmaal weer vrij, al snel weer in herhaling kunnen vervallen. Als Anders Breivik, die in 2011 bij zijn aanslagen 77 mensen vermoordde, inderdaad een psychopaat is, dan hebben de Noren met hun relatief milde strafstelsel inderdaad reden een herhaling te moeten vrezen als hij weer op vrije voeten komt op zijn 55e. Nederland kan bij dergelijke ernstige misdaden overigens zeer streng straffen: als een van de weinige landen in Europa kan levenslang worden uitgesproken, waarbij dat ook echt levenslang betekent: zonder zicht op vervroegde vrijlating bij goed gedrag.

Kortom, er is zeker het nodige bewijs dat hoge straffen de misdaad kunnen verminderen. Maar, zoals Jan van Dijk, hoogleraar rechten in Tilburg, schrijft in zijn boek *The World of Crime*: er zijn ongeveer evenveel studies die laten zien dat juist mild straffen goed werkt.

Hoe dat kan? Allereerst doordat strenger straffen per definitie meer gevangenistijd betekent samen met andere criminelen. Onderzoek laat zien dat dit de kans vergroot dat gestraften betrokken raken bij criminele transacties of onder druk komen te staan om daaraan mee te doen.

Ook is het naarmate je langer 'zit' moeilijker om weer te integreren in de maatschappij. Hoe langer de gevangenistijd, hoe lastiger het wordt een baan te vinden en hoe minder familie en vrienden er nog op de crimineel zitten te wachten. En dan is de stap naar het oude milieu klein.

Ten slotte zijn er ook nog wetenschappers die erop wijzen dat de georganiseerde misdaad een soort van afgebakend territorium is. De gevestigde misdaad duldt geen concurrentie. Maar als de grote misdadigers tijdelijk achter de tralies zitten, laten ze een vacuüm achter. Een nieuwe groep mensen met slechte plannen kan zich dan vestigen. Het totale aantal criminelen neemt daardoor toe.

De ene gedetineerde is de andere niet. Op basis van verschillende daderprofielen kun je schatten of een langere straf beter of slechter is om herhaling te voorkomen. Relatief veel criminele daden worden gepleegd door jonge mannen, van wie een groot deel de misdaad vaarwel zegt als ze eenmaal een vriendin krijgen en zich gaan settelen. Deze groep begeleiden in dit proces is misschien wel vruchtbaarder dan (alleen) streng straffen. En als iemand in een psychose een misdaad begaat, is die persoon niet zozeer een crimineel als wel een – soms tijdelijke – patiënt.

Of neem verslaafden, die een groot deel van de totale gevangenisbevolking uitmaken. Omdat de verslaving – of andere onderliggende problemen als schulden – niet opgelost wordt, zien we die mensen vaak weer terug, zo vertelt een medewerker van de Penitentiaire Inrichting Zwolle tijdens een rondleiding. Kort straffen helpt dan niet, maar lang straffen als afschrikmiddel hoogstwaarschijnlijk ook niet, tenzij het levenslang zou zijn.

Kortom, het is moeilijk om een algemene uitspraak te doen. Criminaliteit effectief afstraffen is zo gemakkelijk nog niet.

Marloes van Amerom

24

'Een puntenrijbewijs maakt het verkeer minder gevaarlijk'

Volgens de Wereldgezondheidsorganisatie (WHO) sterven   131
jaarlijks 1,3 miljoen mensen in het verkeer. Dat zijn iedere
dag net zo veel doden als bij de terroristische aanslagen op
het World Trade Center in New York in 2001. Het overgrote deel van die ongevallen gebeurt in ontwikkelingslanden
en in Azië. Daar vormen verkeersongelukken een van de
drie hoofdoorzaken van sterfgevallen voor mensen tussen
de 5 en 44 jaar. De WHO stelt dat deze aantallen nog dras-
tisch zullen toenemen als er niet onmiddellijk actie wordt
ondernomen.

Een puntensysteem is één van de maatregelen om het
aantal ongevallen en verkeersovertredingen te beperken.
Het idee is dat je slecht gedrag afstraft met strafpunten
die meerdere jaren blijven staan. Veel landen hebben zo'n
puntensysteem en ze bestaan soms al heel lang: Duitsland
kreeg er een in 1974, Engeland en Wales in 1988 en Brazilië in 1997. Wat zijn de ervaringen van die landen? Geven
die aanleiding om het in Nederland voor iedereen in te voeren? Nu wordt het puntensysteem alleen voor beginnende
automobilisten gebruikt.

Het aantal strafpunten dat iemand bij een bepaalde overtreding krijgt, verschilt per land, evenals het maximale aantal punten dat kan worden bereikt voordat het rijbewijs wordt ingetrokken. Bijvoorbeeld: door rood rijden kost de bestuurder drie punten in Australië, Engeland en Wales (bij een maximum van twaalf punten in drie jaar); drie tot vier in Duitsland (op een maximum van achttien punten in twee jaar); zes punten in Italië (bij een totaal van twintig punten in twee jaar); en zeven punten in Brazilië (bij een totaal van twintig punten in een jaar).

Het aantal punten loopt natuurlijk op met de ernst van de overtreding: hoe roekelozer het gedrag, hoe meer strafpunten. Punten worden pas kwijtgescholden na een bepaalde periode en alleen als het maximum niet is bereikt en het rijbewijs behouden is.

Als het rijbewijs is ingetrokken, moet je deelnemen aan een cursus over rijgedrag. Als je het heel erg bont hebt gemaakt, kun je in sommige landen zelfs verplicht worden om naar de psycholoog te gaan voordat je weer mag rijden.

Wat gebeurt er in landen die geen puntensysteem hebben? Dat blijkt uit het *Global Status Report on Road Safety*, een ander onderzoek van de WHO uit 2009: er vallen veel verkeersdoden. India, China en een aantal deelstaten van de VS hebben geen puntensystemen en die hebben ook de hoogste dodencijfers in het verkeer. Natuurlijk zijn daarvoor meer oorzaken dan alleen het ontbreken van een puntensysteem. Zo telt bijvoorbeeld ook de toestand van het wagenpark en de kwaliteit van het wegennet.

Maar hoeveel verschil maakt daarbij een puntenrijbewijs? Daar is maar weinig onderzoek naar gedaan. Een van de weinige studies werd uitgevoerd in 2002 in opdracht van de Europese Commissie in het Escapeprogramma. Het blijkt dat het aantal overtredingen daalt zodra een puntensysteem wordt ingevoerd. Mensen die telkens dezelfde overtredingen begaan, bijvoorbeeld altijd te hard rijden, gaan zich netter gedragen als ze daarbij punten verzamelen. Al zijn er ook mensen bij wie het juist niet werkt. Die gaan uitvogelen hoe het puntensysteem in elkaar zit om nog nét binnen de limiet zo roekeloos mogelijk te gaan rijden. De sport is dan te voorkomen dat ze het rijbewijs verliezen. Maar bij de meeste automobilisten werken puntensystemen. Ze zorgen inderdaad voor een verbetering van het rijgedrag. Het blijkt dat de meeste wegpiraten toch wat minder vaak het gaspedaal indrukken als ze meerdere keren strafpunten hebben gekregen voor te hard rijden. Wat ook helpt is automobilisten een stevige waarschuwingsbrief toe te sturen, waarin ze nog eens flink wordt ingewreven dat de strafpunten niet onopgemerkt blijven.

Tatiana Gasperazzo

25

'De Joint Strike Fighter is achterhaald'

134   Dit jaar krijgt Nederland het eerste exemplaar van de Joint
Strike Fighter. Op proef, want een definitieve bestelling is
nog niet gedaan. Het is een heet hangijzer in de politiek.
Toch noemen veel partijen het onderwerp niet in hun programma. Het lijkt meer een praktische kwestie: wat kost
het en wat levert het aan banen op? Maar alleen al het ge-
geven dat die afweging in Nederland en een aantal andere landen zo nadrukkelijk gemaakt kan worden, maakt de
JSF een bijzonder vliegtuig waarvoor andere wetenschappelijke disciplines dan de aerodynamica zich kunnen inte-
resseren. De logistiek bijvoorbeeld.

De JSF (officieel: F-35) is ontworpen als een 'vijfde generatie'-gevechtsvliegtuig, dat gebruikmaakt van een aantal
moderne technieken en toch relatief betaalbaar is. Zo zitten er in de JSF richtbare straalmotoren, waardoor hij ca-
priolen kan maken die voor een gewoon gevechtsvliegtuig,
zoals zijn Nederlandse voorganger de F-16, niet zijn wegge-
legd. Bij de bouw worden lichte en toch sterke composiet-
materialen gebruikt. Hij kan sneller dan het geluid vliegen
zonder dat de motoren daarvoor de nabranders hoeven aan

te zetten en is daarmee relatief brandstofzuinig. Uiteraard gebruikt hij ook *stealth*-technologie om moeilijk zichtbaar te zijn op vijandelijke radarschermen, en geeft de nieuwste elektronica de piloot maximale informatie over zijn situatie en maximale controle over zijn vliegtuig.

Het betaalbare zit hem in het woordje 'Joint'. De JSF, zo was het plan, zou worden gebouwd in verschillende varianten, te gebruiken door luchtmacht, marine en korps mariniers in de VS. Die versies zouden voor tachtig procent gelijk zijn, wat in principe goedkoper is dan drie verschillende vliegtuigen ontwerpen, bouwen en onderhouden. Fabrikanten in landen die het vliegtuig afnemen, waaronder Nederland, zouden aan het toestel meebouwen, wat natuurlijk voor hoogwaardige werkgelegenheid zorgt. Maar tussen het ontwerpen (vanaf 1994) en leveren ging het een en ander mis. Met als gevolg dat de levering steeds wordt uitgesteld en Nederland tegen steeds hogere uitgaven aankijkt. Een aantal politieke partijen wil daarom van de afspraak af.

Dat projecten op die manier tegenvallen komt vaker voor, juist als de overheid de opdrachtgever is. Is daar nou niks aan te doen? In de VS heeft het Congres geprobeerd daar greep op te krijgen via het 'Nunn-McCurdy-amendement'. Dat verplicht het ministerie van Defensie om met de hoed in de hand naar het Congres te gaan als een project meer dan vijftien procent over zijn budget heen gaat.

Vorig jaar bracht de onafhankelijke denktank RAND op verzoek van het Congres een rapport uit over een aantal van die Nunn-McCurdy-schendingen. Met prominent daarbij de JSF. RAND legt de vinger op een aantal factoren die de JSF een lastig vliegtuig maken om te ontwerpen. Ook blijkt vanaf het begin een aantal fouten te zijn gemaakt.

De problemen zijn samen te vatten onder: ambitie. Sommige gewenste eigenschappen van het vliegtuig waren en zijn met elkaar in tegenspraak: de ideale vorm voor supersonisch vliegen is niet die waarbij je maximaal onzichtbaar bent voor radar. Een straaljager die op het dek van een vliegdekschip moet landen, heeft grotere vleugels nodig en een steviger bouw dan een die op vaste grond landt – en dan is het wel heel moeilijk om tachtig procent van die twee toestellen hetzelfde te houden.

Een deel van het optimisme over de kosten van het vliegtuig was ook gebaseerd, concludeerde RAND, op een snelle ontwikkeling en een snelle opvoering van de productie. Daarbij was uitgegaan van een verbetering van de productiesnelheid ten opzichte van een ander vliegtuig, de F-22, maar dat vliegtuig was nog helemaal niet in productie, dus de haalbaarheid van dat schema was een slag in de lucht.

Werkelijk fataal voor het halen van het schema was de gewichtstoename van de JSF. Van tevoren was erop gerekend dat het geplande gewicht met zes procent zou kunnen toenemen, doordat er later altijd extra wensen zijn. Het werd duizend kilo, oftewel acht procent. Dat leidde tot nieuwe eisen aan het ontwerp, en dus weer tot nieuwe kosten en vertraging.

RAND concludeert dan ook dat het projectmanagement niet in orde was: op het moment dat de ontwikkeling van de technologie goedgekeurd werd en het plannen van de fabricage kon beginnen, noteerde de overheid braaf voor welke onderdelen van het vliegtuig er aanzienlijke risico's bestonden en problemen konden opduiken. Maar er werden geen maatregelen tegen genomen.

Was dat dan de oorzaak dat het misging? Nee, RAND

graaft nog dieper. De onderzoekers zien twee basisoorzaken. Allereerst ging de overheid slordig om met het begrip 'prototype'. Bij het kiezen van een fabrikant eis je normaal gesproken dat hij met een prototype laat zien dat hij kan leveren wat van hem gevraagd wordt en dat hij de techniek beheerst. Het mooiste is als hij daarbij dezelfde methoden gebruikt als later in de serieproductie. Wat je niet wilt is een *proof of concept*-vliegtuig dat alleen een aantal aspecten van het toekomstige toestel laat zien. In de praktijk kom je ergens tussen die twee uitersten terecht. Het prototype van de JSF dat de gekozen fabrikant Lockheed Martin maakte kon vliegen, maar het leek nog niet erg op een echt prototype.

Ten tweede ging de fabrikant verkeerd om met de verschillende varianten die hij moest maken. De opgaven voor het verticale landen en opstijgen van de marine-variant zijn het zwaarst. Daar hadden de ontwerpers zich op moeten concentreren. In plaats daarvan kozen ze voor de gemakkelijkste variant, die voor de luchtmacht, en kwamen ze bij de andere typen in problemen.

Zeggen al die problemen iets over de JSF als vliegtuig? Het vliegtuig zal er komen, al zijn de financiële voordelen ervan al verdampt. In theorie mag je hopen dat een eventueel volgend vliegtuig volgens betere procedures zal worden ontworpen en gebouwd. Maar daar heeft Nederland geen invloed op.

Ondertussen veranderen de omstandigheden op het slagveld zienderogen. In de kleine kwarteeuw die er nu is verstreken na de eerste schetsen van de JSF, vliegen tussen de helikopters en straaljagers steeds meer onbemande *drones*. Je hebt kleintjes die een camera meenemen en grote die raketten afschieten. Iedere *drone* heeft zijn eigen taak. En in een evolutionair proces volgen de verschillende generaties elkaar in snel tempo op. Er is bij de Amerikaanse overheid geen enkele neiging te bespeuren één *drone* te maken met zo veel mogelijk varianten. De designfilosofie van de JSF – een duur toestel dat voor ieder doel geschikt moet zijn – lijkt vandaag de dag dus achterhaald.

Bas den Hond

Kiezen met kennis

Kennis voor kiezers

In de aanloop naar de verkiezingen van 2012 maakten wij een online test met de kwesties die ook in dit boek worden besproken. De test lijkt in vorm op de Stemwijzer en het Kieskompas, waar kiezers kunnen uitvinden welke politieke partij het best bij hen past. Onze test ging niet over politieke voorkeuren, maar om politieke manipulatie. Laat je je bij de neus nemen door beweringen van politici? Klopt de politieke analyse van het probleem? En passen de middelen en doelen bij elkaar? De vragen naar het hoe en waarom komen rond verkiezingen zelden aan de orde. De vragenlijst van de Stemwijzer bevat bijvoorbeeld alleen maar beleidsvoorkeuren, niet welk effect daarmee wordt beoogd, laat staan of we dat effect ook mogen verwachten en hoe we dat weten. De online test 'Kiezen met kennis' ging dat te lijf. De stellingen wilden we ontlenen aan de verkiezingsprogramma's. Maar dat viel niet mee. We waren op zoek naar uitspraken die middelen en doelen met elkaar verbinden. 'We willen dit doen om dat te bereiken.' We denken dat juist daar de wetenschap een *reality check* kan doen. Dat soort stellingen staan lang niet altijd in politieke programma's. Meestal bevatten ze visionaire statements van een hoog abstractiegehalte, gevolgd door een lange lijst met maatregelen. 'We gaan strenger straffen.' Maar waarom? Dat staat er niet bij. Omdat de partij denkt dat dan de misdaad omlaag gaat? Je komt het als kiezer niet te weten.

Het effect van maatregelen in partijprogramma's is vanuit wetenschappelijk oogpunt dus vaak ontoetsbaar. Daarom hebben we zelf een aantal stellingen geformuleerd die meestal niet rechtstreeks uit de programma's komen, maar die helderder zijn, en die expliciet maken wat niet altijd wordt benoemd in de programma's.

Om tot uiting te laten komen dat wetenschap niet altijd een kwestie van ja of nee is, hebben we vijf gradaties in de antwoorden aangebracht: weerlegd - onwaarschijnlijk - onbeslist - waarschijnlijk - bewezen.

Het is interessant om te zien of degenen die de test deden zich bij de neus lieten nemen als de politiek onwaarheden debiteert. Gezien de opleidingsgraad van de bezoekers zou je denken dat ze loze uitspraken kunnen doorprikken. De helft van de bezoekers was universitair geschoold, een derde heeft hbo achter de rug.

Typerend was de kwestie van het verkleinen van schoolklassen (zie hoofdstuk 13). De meeste politieke partijen bepleiten dat. En het overgrote deel van de bezoekers van onze test denkt dat dit positief uitwerkt op de kwaliteit van het onderwijs. Tweederde denkt dat de stelling waarschijnlijk is of bewezen. Maar de werkelijkheid is anders. De stelling is onwaarschijnlijk. Het kleine beetje extra aandacht dat een leerling krijgt in een kleinere klas geeft een nauwelijks meetbare verandering in de leerprestatie. De kwaliteit van de leraar is veel belangrijker. Dat soort inzichten zijn kennelijk niet aangekomen bij kiezers en politici. Opvallend is ook de kwestie van de Ecologische Hoofdstructuur. Helpen we de natuur door verschillende leefgebieden met elkaar te verbinden (hoofdstuk 21)? De deelnemers van de test waren daarover duidelijk: tachtig procent denkt dat dit waarschijnlijk of bewezen is. Wetenschappelijk is het effect echter niet aangetoond. Op theoretische gronden wordt een positief effect verwacht, maar in de praktijk valt het tegen. Des te opvallender dat de meeste partijen zo pal achter het idee staan. Toen we Eppo Bruins (kandidaat voor de ChristenUnie) daarmee confronteerden zei hij: 'We hebben nog maar een paar grassprieten over in de Randstad. Ik kan als politicus elk argument gebruiken om dat groen te beschermen en hopelijk nog een beetje uit te breiden. Dan doet het er eigenlijk niet toe of dat helemaal wetenschappelijk bewezen is.'

Een ander voorbeeld waar de tegenstelling tussen wens en realiteit goed zichtbaar werd, was de kwestie van duurzame energie (zie hoofdstuk 17). In de online test was deze als volgt geformuleerd: 'Met verdubbeling van onze inspanningen op gebied van duurzame energie kunnen we in 2050 een geheel duurzame energievoorziening hebben.' De bezoekers zijn daarover tamelijk verdeeld: de helft denkt dat het niet klopt, maar een derde denkt toch dat dit mogelijk is.

De *reality check* valt hier nogal pover uit. De maatregelen die horen bij dat soort verstrekkende doelen ontbreken volledig in de partijprogramma's. Veel wetenschappelijk onderzoek laat echter zien dat er drastische ingrepen nodig zijn om in 2050 geen fossiele brandstoffen meer te hoeven gebruiken. We gaven daarom aan dat het onwaarschijnlijk is dat we met de huidige beperkte middelen een duurzame toekomst kunnen bereiken. Toch denkt een derde van de bezoekers dat het waarschijnlijk of bewezen is dat je met wat extra inspanning een duurzame toekomst kunt bouwen. Uit de reacties blijkt ook hoe emotioneel dit onderwerp is. 'De schrijver houdt zeker niet van windmolens.' 'We kunnen het bereiken, want we moeten het bereiken.' Wenselijkheid en mogelijkheid werden verward. De discussie op online fora over dit onderwerp was verhelderend: het maakt duidelijk waarom feiten er niet altijd toe doen in het debat.

Voor ons als wetenschapsjournalisten waren de lastigste kwesties die waarover wetenschappers elkaar echt in de haren vliegen. Dat geldt bijvoorbeeld voor: 'Alleen met een sterkere Europese regering blijft de EU bijeen' (hoofdstuk 3). De deelnemers van 'Kiezen met kennis' dachten daarover heel verschillend. De helft achtte dit waarschijnlijk of bewezen, een derde vond het ongewis.

Toen we op een bijeenkomst van wetenschapsvoorlichters vroegen of je daarover überhaupt wetenschappelijk iets kon zeggen, ging er slechts één aarzelende vinger omhoog. Toch vonden we dat we zo'n stelling moesten opnemen, omdat het al of niet versterken van Europa een belangrijk punt is in verkiezingsprogramma's.

De kwestie wordt wel degelijk onderzocht, zoals ook in dit boek staat beschreven. Maar onder politicologen is er verschil van inzicht over de methode. Vergelijken is zinloos, vinden sommigen. Te veel appels en peren. Deze school van politicologen beperkt zich tot beschrijvende studies van Europese instituties. Ze doen daarbij geen enkele voorspelling. Dat leidt uiteindelijk tot de vraag: 'Kunnen we iets leren van de geschiedenis, of is elke situatie totaal anders?' In de hoofdstukken hebben we de verschillen van inzicht steeds uitgelegd. En gelukkig zijn er veel kwesties waarover wetenschappers het onderling wel eens zijn. Over de vervuiling van elektrische auto's bijvoorbeeld. Die zijn minder schoon dan vaak wordt gedacht.

Bram Vermeer

Politici kiezen met kennis

In de aanloop naar de verkiezingen van 2012 deed een aantal politici de online test 'Kiezen met kennis', met de stellingen die ook in dit boek worden behandeld. Paul van Meenen (D66), inmiddels Kamerlid, schrok van zijn eigen score. 'Verontrustend' noemt hij de uitslag van zijn test. 'Ik kom er matig uit. Ik beschouw mezelf goed geïnformeerd, maar ik zit er regelmatig volledig naast.' Bij onderwijs – inmiddels zijn portefeuille – scoort hij wel goed. Als een van de weinigen kruist hij 'weerlegd' aan bij de stelling dat kleinere klassen het onderwijs verbeteren. 'We weten onderhand dat dit niet werkt' (zie hoofdstuk 13).

Van Meenen weet dat inderdaad, maar veel andere partijen bepleiten wél kleinere klassen. Veel bezoekers aan 'Kiezen met kennis' vinden verkleinen van klassen ook een goed idee. 'De politiek heeft dat idee versterkt door enorm te toeteren op het moment dat er iets gedaan werd aan de klassengrootte. Maar ik heb lang genoeg in het onderwijs gewerkt om te weten dat je alleen effect ziet als je de klassen extreem klein maakt, met bijvoorbeeld vijf leerlingen. Het is goed dat dit ook wetenschappelijk is vastgesteld.'

'De Kamer is geen wetenschappelijk instituut waar je met elkaar als geleerden tot een berekende en vastgestelde oplossing komt', denkt hij. 'Het maatschappelijk gevoel moet ook de ruimte krijgen. Maar dat is doorgeslagen. Iedereen roept maar wat tegen elkaar. Voor het draagvlak van besluiten is het goed als je kunt laten zien dat ze ook door onderzoek bevestigd worden.'

Van Meenen kritiseert Den Haag ook om de manier waarop met cijfers wordt omgegaan. 'De politiek houdt zich vast aan getallen, aan meetbaarheid. Als wiskundige heb ik niets tegen cijfers, maar je moet wel de grenzen van de meetbaarheid in het oog houden. Dat mis ik in de politiek volledig. Het is cijferfetisjisme van mensen die geen betekenis aan cijfers kunnen geven.'

Wetenschappers kunnen helpen om getallen en feiten op hun waarde te schatten, denkt Van Meenen. 'Deze campagne nodigt erg uit om een doorlopende factchecker te hebben. Het zou mooi zijn als de wetenschap dat kan organiseren onder de hoede van een gezaghebbend instituut. Het zou enorm helpen als wetenschappers elke keer laten weten of iets bevestigd is of weerlegd.'

Ook het idee van de KNAW om bij elke besluitvorming in Den Haag een prominente wetenschapper te laten aanzitten, noemt hij 'uitstekend'. 'Dat gebeurt veel te weinig. Politici hebben dat nodig. Dat blijkt wel uit mijn score voor 'Kiezen met kennis'. Ik hoop dat er een vorm wordt gevonden om dit voort te zetten, om steeds opnieuw te laten weten hoe de stand van zaken bij actuele onderwerpen is.'

Ook Eppo Bruins, in 2012 kandidaat voor de Christen-Unie, deed de test. Hij kwam net iets te vaak uit bij 'waarschijnlijk' of 'onbeslist'. 'Ook ik kom voort uit de wetenschap en ben gewend alles sceptisch te bevragen. Ik ben minder stellig dan de gemiddelde Nederlander.'

Hoe zit dat dan met een aantal stellige uitspraken in het programma van de ChristenUnie, zoals de ambitieuze klimaatdoelen voor 2050? 'Die doelen zijn met de huidige technologie nog niet haalbaar, tenzij je een dictatuur instelt. Maar ik wil iedereen wel voorhouden dat het volledig sluiten van de kringlopen het uiteindelijke doel voor 2050 is. Daarvoor is nieuwe technologie nodig. Daarom willen we ook veel geld in onderzoek steken. En we vertellen dat we op een andere manier moeten gaan leven. Zoals het was, wordt het nooit meer' (zie ook hoofdstuk 17).

148   Wetenschap en politiek botsen waar feiten en intuïtie uiteenlopen, zoals bij rekeningrijden. Veel bezoekers aan 'Kiezen met kennis' denken dat het beprijzen van kilometers niet werkt om files te bestrijden. Maar de wetenschappelijke werkelijkheid is anders. En ook veel partijen (waaronder de ChristenUnie) bepleiten een vorm van tolheffing. 'Waar wetenschappelijke consensus is, moet je de kwestie uit de politieke arena proberen te houden, door breed afspraken te maken met een groot aantal partijen in de Kamer', denkt Bruins. 'Maar het probleem is dat er altijd wel een partij inspeelt op het gevoel.' Een grotere rol van wetenschappers zou in zo'n geval helpen. 'En liefst veel verschillende wetenschappers, want vooral in de sociale wetenschappen zijn er verschillende scholen van denken en wordt er verschillend tegen dezelfde feiten aangekeken. Wetenschap is niet waardevrij.'

'Kiezen met kennis' noemt hij 'een fantastisch idee. Mijn hart gaat sneller kloppen. Ik ga zelf ook in de Kamer meer aandacht vragen voor *evidence-based policy*. Er moeten meer wetenschappers in het centrum van de macht komen. Ik wil samenwerken met leden die daar ook zo over denken. Zo kunnen we een beweging op gang brengen.'

Bram Vermeer

Auteurs

Bas den Hond (1959) studeerde journalistiek en sterren- kunde. Hij werkt sinds 1980 als zelfstandig journalist op het gebied van wetenschap en ICT en is sinds 1990 redacteur van dagblad *Trouw*. Over wetenschap schrijft hij momenteel voor *Trouw*, voor de website van het Australische magazine *Cosmos* en voor het Britse nieuwsweekblad *The Economist*. Tussen de bedrijven door werkt hij langzaam maar gestaag aan een boek over de kern van de aarde en de vele manieren waarop die de bovenwereld beïnvloedt. www.stellarstories.com @bdhond

Bram Vermeer (1962) woont en werkt afwisselend in Amsterdam en Berlijn. Hij studeerde natuurkunde, deed daarna enige jaren wetenschappelijk onderzoek en volgde enkele journalistieke opleidingen. Als wetenschapsjournalist schrijft hij over techniek en sociale wetenschappen. Hij werkte de afgelopen dertig jaar voor media in Nederland, Duitsland en de Verenigde Staten. Zijn boek *2030: Technology That Will Change the World* (Oxford University Press, 2010) werd vertaald in het Chinees, Koreaans en enkele an-

dere talen. Bram is initiatiefnemer van Oostenwind, uitgever van populaire non-fictie. Hij adviseert ook onderzoeksinstellingen, zoals de Technische Universiteit Eindhoven (TUE) en het Nationaal Lucht- en Ruimtevaartlaboratorium (NLR).
www.vermeer.net @bramvermeer

Sybe Izaak Rispens (1969) is ingenieur en gepromoveerd op de geschiedenis van kunstmatige intelligentie. Hij werkt meer dan twintig jaar als wetenschapsjournalist en IT-adviseur vanuit Berlijn. Hij schreef voor diverse Europese media, waaronder *NRC Handelsblad, Trouw, Intermediair, Die Zeit* en *Neue Zürcher Zeitung.* Sinds 2005 werkt hij als adviseur voor het Duitse Bundesministerium für Bildung und Forschung. In 2011 richtte hij het Institut für Wissenschafts- und Technologiekommunikation GmbH in Berlijn op dat zich bezighoudt met communicatie over wetenschap.
www.rispens.de @rispens

Robbert Dijkgraaf (1960) is directeur van het Institute for Advanced Study in Princeton (VS). Daarnaast is hij hoogleraar aan de Universiteit van Amsterdam. Tot juni 2012 was hij president van de Koninklijke Nederlandse Akademie van Wetenschappen (KNAW). Als columnist van *NRC Handelsblad* schrijft hij voor een breed publiek over wetenschap, kunst en andere zaken. Veel van deze stukken zijn gebundeld in *Blikwisselingen* (Bert Bakker, 2008).
www.robbertdijkgraaf.com @RHDijkgraaf

Antoine Verbij (1951) studeerde psychologie en filosofie en doceerde wetenschapsfilosofie aan de universiteiten van Nijmegen en Utrecht. Daarna werkte hij als publicist voor verschillende bladen en als freelance redacteur voor verschillende uitgeverijen. In de jaren negentig was hij adjunct-hoofdredacteur van *De Groene Amsterdammer*. Vanaf 2001 woont en werkt hij als freelance journalist en publicist in Berlijn. Sinds 2006 is hij Duitslandcorrespondent van *Trouw*. Van zijn hand verschenen *Denken achter de dijken: De opmars van de filosofie in Nederland* (Ambo, 2000) en *Tien rode jaren: Links radicalisme in Nederland 1970-1980* (Ambo, 2005).

Thijs Menting (1984) studeerde filosofie aan de Universiteit van Amsterdam, de Freie Universität zu Berlin en de Universität Potsdam. Daarnaast schreef hij onder meer voor *De Groene Amsterdammer* en *Tirade* over muziek, kunst en filosofie. Momenteel promoveert hij in Potsdam op het natuurbegrip in het werk van Immanuel Kant.

Marloes van Amerom (1973) is naast (wetenschaps-) journalist ook editor en docent Nederlands en Engels. Ze laat haar nieuwsgierigheid graag op een veelvoud van onderwerpen los. Ze is gepromoveerd in de sociale geografie en deed daarna een post-doc in science and technology studies. Na enige jaren vertoefd te hebben in Groot-Brittannië en Zuid-Afrika, is ze nu weer *firmly rooted* in Nederland.

Mariska van Sprundel (1986) wilde eigenlijk van kinds af aan dierenarts worden. Waarschijnlijk vanwege de pluizige konijntjes die ze altijd had. Na uitgeloot te zijn voor diergeneeskunde ging ze biologie studeren aan de Universiteit Utrecht om toch zo veel mogelijk te leren over dieren. Maar eenmaal begonnen, bleken de moleculaire biologie en het menselijk genoom zo fascinerend, dat zij een master in biomedische wetenschappen ging doen. De wetenschap bleek haar goed te liggen. Maar na eindeloos pipetteren in het laboratorium gooide ze het over een andere boeg: wel wetenschap, geen pipet. Tijdens een stage bij Kennislink heeft ze haar draai gevonden als wetenschapsjournalist. www.mariskavansprundel.nl @marisvsprundel

Elles Lalieu (1984) heeft altijd 'iets' met dieren gehad en studeerde dan ook biologie in Leiden. Ze merkte dat ze erg graag schrijft en is zodoende terechtgekomen in het vakgebied wetenschapscommunicatie. Sinds augustus 2008 is Elles bij Kennislink aan de slag als redacteur van de vakpagina's biologie en gezondheid. Ze vindt het belangrijk om een boeiend verhaal te vertellen, maar ook om lezers goed in te lichten over wetenschappelijke ontwikkelingen. Naast haar functie bij Kennislink schrijft Elles van alles en nog wat over griep voor het project 'De Grote Griepmeting'. @KL_Elles

Antonio Pilello (1982) studeerde sterrenkunde aan de universiteit van Padua (Italië) en het Duitse Aerospace Center in Berlijn. Nu is hij betrokken bij de masteropleiding wetenschapscommunicatie aan de International School of Advanced Studies (Sissa) in Triëst (Italië). Hij schrijft als freelance wetenschapsjournalist in Italië voor het dagblad *L'Unità,* het opinieblad *Micromega* en de webmagazines *Scienza in Rete* en *Il Mitte.* antoniopilello.wordpress.com @lellito_82

Tatiana Gasperazzo (1981) studeerde biologie in Brazilië en Berlijn, waar ze sinds 2004 woont. Ze is een talentalent.

Naast haar moedertaal, Portugees, spreekt ze vloeiend Engels en Duits, daarnaast ook goed Spaans, Frans, Russisch, Italiaans en Gaelic. Ze combineert haar talenkennis met een passie voor wetenschap. Ze schrijft over wetenschappelijke onderwerpen en vertaalt en bewerkt wetenschappelijke teksten. Daarnaast houdt ze van Ierse dansen en speelt ze viool.

tgasperazzo.blogspot.de

Verantwoording

De teksten uit dit boek zijn oorspronkelijk geschreven voor de online test 'Kiezen met kennis' voor de verkiezingen van 2012. De test staat op: www.kennislink.nl/publicaties/kiezen-met-kennis.

De auteurs danken alle personen en organisaties die hun kennis deelden in dit project, in het bijzonder Kennislink, dat enthousiast meewerkte en het project een digitaal thuis gaf. We zijn ook blij met de financiële steun die we kregen (zie daarvoor het colofon op pagina 4).

'Kiezen met Kennis' is een initiatief van Newswhyre, het samenwerkingsverband van de drie hoofdauteurs van dit boek. Deze drie wetenschapsjournalisten specialiseren zich in uitlegjournalistiek. Waar veel journalisten schrijven over 'wie, wat en waar', legt Newswhyre uit 'hoe en waarom' het nieuws zich kon voordoen. Dat is geïnspireerd op 'explainers' in de Engelstalige pers. Dit soort stukken maakt Newswhyre bijvoorbeeld voor de rubriek 'Hoewaarom' in het dagblad *Trouw*.

Adviesraad 'Kiezen met kennis':
• Rathenau Instituut;
• Margo Smit (directeur van de Vereniging voor Onderzoeksjournalistiek);
• Roel in 't Veld (hoogleraar governance en duurzaamheid aan de Universiteit van Tilburg).

De inleiding van Robbert Dijkgraaf (bladzijde 13) is met toestemming overgenomen uit: 'Over de grenzen van de Wetenschap', Jaarrede van de president van de Koninklijke Nederlandse Akademie van Wetenschappen, gehouden op 30 mei 2011. De rede verscheen eerder in: Robbert Dijkgraaf (2012). *Het nut van nutteloos onderzoek*, Bert Bakker, pp. 313-327.

www.ingramcontent.com/pod-product-compliance
Lightning Source LLC
Chambersburg PA
CBHW062058270326
41931CB00013B/3132